Fit for Business English

Telefonieren

Robert Tilley

Compact Verlag

Bisher sind in dieser Reihe erschienen:

- Fit for Business English – Telefonieren
- Fit for Business English – Korrespondenz
- Fit for Business English – Verkaufsgespräche
- Fit for Business English – Präsentationen
- Fit for Business English – Geschäftsreisen
- Fit for Business English – Konversation
- Fit for Business English – Redewendungen

Weitere Titel sind in Vorbereitung.

Chefredaktion: Dr. Angela Sendlinger
Redaktion: Helga Aichele
Fachredaktion: Anthony Moore
Übersetzung: Marc Hillefeld
Produktion: Wolfram Friedrich
Gestaltung: Hendryk Sommer
Titelabbildung: IFA-Bilderteam
Umschlaggestaltung: Axel Ganguin

ISBN 978-3-8174-7770-8
7277701

Besuchen Sie uns im Internet: www.compactverlag.de

Vorwort

Englisch ist die länderübergreifende Sprache der Wirtschaft. Angesichts der zunehmenden Globalisierung der Märkte werden gute Englischkenntnisse immer wichtiger für den beruflichen Erfolg.

Die Reihe **Fit for Business English** ermöglicht dem Benutzer die zielgerechte Vorbereitung auf verschiedene Themenbereiche des modernen Wirtschaftsenglisch.

Der Band **Fit for Business English – Telefonieren** trainiert speziell die Kommunikation beim Telefonieren. Dabei wird gezeigt, wie man in englischer Sprache Termine vereinbart, Auskünfte einholt, Anfragen beantwortet, Konditionen verhandelt sowie Reklamationen entgegennimmt.

Dies geschieht anhand einer Story: Der Deutsche Peter Brückner wird von seiner Firma nach England versetzt. Um den nötigen Lernspaß zu garantieren, werden seine Erlebnisse in humorvoller Weise dargestellt.

Alle Dialoge sind praxisnah und sowohl in englischer Sprache als auch in der deutschen Übersetzung angegeben. Die Schlüsselbegriffe sind im Text farbig hervorgehoben.

Nach jedem Dialog folgen zur Überprüfung und Vertiefung des gelernten Wortschatzes kurze Übungen. Die Lösungen sind im Anhang zu finden.

Sprachpraktische und kulturelle Besonderheiten werden an gegebener Stelle angemerkt. Hierzu gehören Tipps zum korrekten Sprachgebrauch sowie landeskundliche Hinweise.

Verschiedene Symbole zu Beginn jedes Abschnitts erleichtern dem Benutzer den Zugriff auf die für ihn relevanten Passagen.

Am Ende jedes Kapitels werden alle wichtigen Vokabeln und Redewendungen nochmals angeführt.

Mit einem abschließenden Test im Anhang kann der Leser seinen Kenntnisstand überprüfen.

Inhalt

Here we go: kleine Einleitung am Anfang des Kapitels

Talk Talk Talk: praxisnahe Dialoge mit deutschen Übersetzungen, die wichtigsten Stichwörter sind farbig markiert

Train Yourself: abwechslungsreiche Übungen trainieren den gelernten Wortschatz

Background Information: Wissenswertes zu Business und Landeskunde

Do's and Don'ts: Tipps zum korrekten Verhalten in Geschäftssituationen

False Friends: Hinweise auf mögliche sprachliche Fehler

Vocabulary: Vokabelliste mit dem Wortschatz des Kapitels

The Test: Im Abschlusstest zeigt es sich: Was haben Sie gelernt? Wo sind vielleicht noch Ihre Schwächen?

Ready to talk: Alles Wichtige zum Nachschlagen

Glossary: Zusammenfassung aller neuen Vokabeln

Solutions: Die Lösungen zu Übungen im Text und zum Abschlusstest

Story

Peter Brückner ist 30 Jahre alt. Nach seinem BWL-Studium wurde er als Assistent des Vertriebsleiters bei der internationalen Firma ERGO Ltd. beschäftigt. ERGO Ltd. ist ein innovatives Unternehmen und hat sich auf die Produktion von Zubehörteilen im IT-Bereich spezialisiert.

Um Peter Brückner auf eine spätere Führungsposition vorzubereiten, wird er in die Filiale nach London versetzt, um dort die Abläufe des internationalen Vertriebs kennen zu lernen. Wie viele andere Unternehmen, legt auch ERGO Ltd. großen Wert darauf, dass künftige Führungskräfte Auslandserfahrungen sammeln.

Dieser Band der Reihe **Fit for Business English** zeigt, wie Peter Brückner die täglichen Probleme am Telefon in englischer Sprache erfolgreich meistert.
Tatkräftige Unterstützung erhält er dabei von seinen neuen Kollegen, die ihm jederzeit mit nützlichen Tipps zur Seite stehen und ihn auf die kulturellen und sprachlichen Feinheiten hinweisen. Dies sind:
- James Morgan, Managing Director, direkter Vorgesetzter von Peter
- Steve Blackman, Leiter der Verkaufsabteilung
- Melissa Walker, Marketing Managerin
- Lucy Scott, Sekretärin und »gute Seele« des Büros.

Schon bald ist Peter Brückner mit den wichtigsten Strategien vertraut und weiß, wie man in englischer Sprache telefonisch Informationen beschafft, Termine vereinbart, Kunden akquiriert, Kundenbeschwerden entgegennimmt, Verkaufsgespräche führt und Messevorbereitungen trifft.

The first days in the company
Die ersten Tage im Unternehmen

Here we go

Das erste Kapitel beginnt an Peters erstem Arbeitstag, an dem er viele neue Menschen kennen lernt und die ersten Hürden am Telefon zu bewältigen hat.

Talk Talk Talk

L. Good morning, ERGO Limited. **May I help you?**

L. Guten Morgen, ERGO Limited. **Kann ich Ihnen behilflich sein**?

P. Yes, it's Peter Brückner **speaking**. I am supposed to be starting today, but I had difficulty in **reaching** Mr Morgan yesterday to ask when I should arrive. I'm **phoning** now to **find out**.

P. Ja, hier Peter Brückner **am Apparat**. Ich sollte heute bei Ihnen anfangen, aber ich hatte Probleme, Herrn Morgan zu **erreichen**, um ihn zu fragen, wann genau ich da sein soll. Ich **rufe an**, um noch einmal **nachzufragen**.

L. Oh, Mr Brückner. We did **try to get hold of** you, but they appear to be **mending the lines** in your street. Come along whenever you like. Mr Morgan won't be in for half an hour or so.

L. Oh, Mr Brückner. Wir **haben versucht, Sie zu erreichen**, aber in ihrer Straße scheinen gerade **die Leitungen repariert zu werden**. Kommen Sie einfach vorbei, wann es Ihnen am besten passt. Mr Morgan wird vor einer halben Stunde sowieso nicht hier sein.

P. Fine! I'm leaving the apartment now and I'll catch a bus from the end of the street. It shouldn't take me more than ten minutes.

P. Sehr schön! Ich gehe gerade von meinem Apartment los und versuche, einen Bus am Ende der Straße zu erwischen. In 10 Minuten bin ich da!

L. Oh, dear me – you're an optimist, Mr Brückner. This is London, you know – you'd probably be quicker to walk. Or you could take the tube – there's a station just down the road from you. The Tottenham Court Road station is right on our doorstep.

L. Oh, wei! Sie sind ein Optimist, Mr Brückner. Sie sind jetzt in London – es würde wahrscheinlich schneller gehen, wenn Sie laufen. Oder Sie nehmen die U-Bahn – eine Station ist ganz in Ihrer Nähe. Die Haltestelle Tottenham Court Road liegt genau vor unserer Tür.

P. Do you know what line I have to take? I'm quite new here.

P. Wissen Sie, welche Linie ich da nehmen muss? Ich kenne mich hier noch nicht so aus.

L. Take the Central Line. Tottenham Court Road is just five stops. And buy a day ticket. I'll arrange for you to get a permanent travel pass.

L. Nehmen Sie die *Central Line*. Bis zur Tottenham Court Road sind es nur fünf Haltestellen. Und kaufen Sie sich am besten eine Tageskarte. Ich werde mich darum kümmern, dass sie eine Dauerkarte bekommen.

P. Thank you so much. I'll **see you shortly**.

P. Haben Sie vielen Dank. **Bis gleich**.

Train Yourself

1. Setzen Sie die nachfolgenden Sätze eines Telefongesprächs in die richtige Reihenfolge:

- I tried to call Mr Morgan yesterday.
- Good morning! May I help you?
- I couldn't get through.
- This is Peter Brückner speaking.
- The phone seemed to be out of order.
- I'm calling to find out when I should start.
- Mr Morgan will be calling in shortly.

2. Füllen Sie die Lücken!

Sagen Sie, wer Sie sind.	Good morning, ________ Peter Brückner ________ ing.
Erklären Sie, warum Sie erst jetzt anrufen.	I tried to ________ yesterday, but I couldn't ________ through.
Fragen Sie, ob Sie Herrn Morgan zu Hause anrufen sollten.	Should I try to ________ Mr Morgan at home?
Fragen Sie, ob das Büro versucht hat, Sie zu erreichen.	Has the office tried to ________ me?

Talk Talk Talk

P. (enters office) Good morning. I'm Peter Brückner.

P. (betritt das Büro) Guten Morgen. Ich bin Peter Brückner.

L. Oh, Mr Brückner. **How nice to meet you**. Please come in and make yourself at home. I've tried to **reach** Mr Morgan at home, but he must have left for the office already. But I expect he'll call from his **mobile** on the way. He always likes to check if there's any urgent business to attend to before he gets to the office. Oh, that'll be him now. Good morning! ERGO Limited. Oh, good morning, Mr Morgan. Mr Brückner has arrived. Yes, I've told him to make himself at home. Yes, I shall. **See you later**, Mr Morgan. (Phone rings again) Oh, we are busy this morning, aren't we? Good morning, ERGO Limited. Oh, **I'm terribly sorry** but we have been so busy

L. Oh, Mr Brückner. **Schön, Sie kennen zu lernen**. Kommen Sie doch herein und fühlen Sie sich wie zu Hause. Ich habe schon versucht, Mr Morgan zu Hause zu **erreichen**, aber er muss schon auf dem Weg ins Büro gewesen sein. Aber ich denke, dass er unterwegs von seinem **Handy** anrufen wird. Er fragt immer gerne nach, ob etwas Dringliches anliegt, bevor er ins Büro kommt. Oh, das wird er schon sein. Guten Morgen, ERGO Limited! Oh, Guten Morgen, Mr Morgan. Mr Brückner ist gerade angekommen. Ja, ich habe ihm gesagt, er soll sich wie zu Hause fühlen. Ja, das werde ich. **Bis später**, Mr Morgan. (Das Telefon klingelt erneut) Meine Güte, ein ganz schön hektischer

that I just didn't have time to check when you called yesterday. I'll **attend to it** right away. Can you **phone again** in an hour or so? Just ask for Lucy. That's right. Bye for now. Now, Mr Brückner, what about a nice cup of tea?

Morgen, was? Guten Morgen, ERGO Limited. Oh, **es tut mir furchtbar Leid**, aber wir hatten so viel zu tun, dass ich nach ihrem Anruf von gestern noch gar keine Zeit hatte. **Ich werde mich** sofort **darum kümmern**. Könnten Sie in etwa einer Stunde noch einmal **durchrufen**? Fragen Sie einfach nach Lucy. Ganz genau. Bis später. Also, Mr Brückner, wie wäre es mit einer schönen Tasse Tee?

J. (enters) Well, hello, Peter. **I'm very glad to see you.** I tried to **reach** you **on the phone** yesterday, but I couldn't **get through** for some reason. But I see you have found your way safely here and that Lucy has made you at home. I'll have a cup too, please, Lucy. Now come into my office, and then I'll **show you around.**

J. (kommt herein) Na so was, hallo Peter. **Ich freue mich, Sie zu sehen.** Ich habe gestern schon versucht, Sie **telefonisch zu erreichen**, aber aus irgendeinem Grund **kam ich nicht durch.** Aber wie ich sehe, haben Sie ja sicher hierher gefunden und Lucy hat sich Ihrer angenommen. Ich hätte auch gern ein Tässchen, Lucy. Aber kommen Sie doch mit in mein Büro, und ich **führe Sie herum.**

J. (calls from his office) Lucy, can you **connect me please** with Melissa's office, and if you see Steve tell him to look in. Melissa is our **Marketing Manager**, and Steve is **Head of Sales.** You'll be working from time to time with both.

J. (telefoniert aus seinem Büro) Lucy, können Sie mich bitte mit Melissas Büro **verbinden** – und wenn Sie Steve sehen, sagen Sie ihm, er möchte bitte mal hereinschauen. Melissa ist unsere **Marketing-Managerin** und Steve der **Leiter der Verkaufsabteilung.** Sie werden sicher von Zeit zu Zeit mit den beiden zusammenarbeiten.

L. Hello, Mr Morgan. I'm **putting you through** now to Miss Walker's

L. Hallo, Mr Morgan. Ich **stelle Sie** jetzt zu Miss Walkers Büro **durch.**

office. Just **hang on** one moment. Her number is **ringing.**

Bitte **bleiben Sie** eine Sekunde **in der Leitung.** Ich **läute** gerade bei ihr **durch.**

J. Hello, Melissa, could you **come into** my office for a moment, please. I'd like you to meet Mr Brückner, our new man from Germany.

J. Hallo, Melissa, könnten Sie bitte kurz in meinem Büro **vorbeischauen?** Ich würde Ihnen gerne Mr Brückner vorstellen, unseren neuen Mann aus Deutschland.

M. (enters) Good morning, Mr Morgan. (To Peter) **How do you do?** I'm Melissa Walker.

M. (kommt hinein) Guten Morgen, Mr Morgan. (Zu Peter) **Wie geht es Ihnen?** Ich bin Melissa Walker.

S. (also enters) Good morning, Mr Morgan. (To Peter) Hello, I'm Steve Blackman - **just call me Steve. Pleased to meet you.**

S. (kommt ebenfalls hinein) Guten Morgen, Mr Morgan. (Zu Peter) Hallo, ich bin Steve Blackman – **sagen Sie einfach Steve. Freut mich, Sie kennen zu lernen.**

C. (enters after knocking) Oh, sorry, sir. I didn't know you were having a **meeting.** I should have **given you a buzz** first of all.

C. (klopft und tritt dann ein) Oh, Entschuldigung, Sir. Ich wusste nicht, dass Sie in einer **Besprechung** sind. Ich hätte zuerst **kurz durchrufen** sollen.

M. That's all right, Chip. Mr Brückner, this is our driver and courier, Charles Collyer - he likes to be called Chip.

J. Schon in Ordnung, Chip. Mr Brückner, das ist unser Fahrer und Kurier, Charles Collyer – aber er hat es lieber, wenn man ihn Chip nennt.

C. Well, it's easier, isn't it Mr Morgan? Hi, Steve. **How're you doing,** Melissa? I'm pleased to meet you, Mr Brückner. Welcome to London - it'll be a change from Hamburg. But there again, per-

C. Na ja, das ist doch viel leichter, oder Mr Morgan? Hi, Steve. **Wie geht es Ihnen**, Melissa? Freut mich, Sie kennen zu lernen, Mr Brückner. Willkommen in London – das wird eine ganz schöne

haps it won't! Not after you've seen Soho! Although it's not like it used to be!

Umstellung verglichen mit Hamburg sein. Aber andererseits – vielleicht auch nicht! Nicht, nachdem Sie Soho gesehen haben! Obwohl das auch nicht mehr ist, was es war!

Train Yourself

Geben Sie die richtige Begrüßung an:

………………………………, Mr Morgan, my name is Peter Brückner. *(Good morning, hello, hi!)*

………………………………? I'm very pleased to meet you at last. *(Good day, how do you do, good afternoon)*

……………………………… Lucy! Lovely day today. Can I have a cup of tea, please. *(How do you do, good day, good morning)*

……………………………… Chip! Can you take this packet to the Post Office, please. *(Good day, hi, pleased to meet you)*

……………………………… Steve, fancy seeing you in the office so early! *(Hello, good day, good afternoon)*

Background Information

The British love to substitute colloquial words for everyday activities. The telephone itself is still referred to in some quarters as a **»blower«**, although the term itself is very old-fashioned. Even business people promise to give each other a »buzz«, meaning they'll call each other on the phone.

Handy information: German **»handy«** is a **»mobile«** in Britain. You'll also hear new arrivals from English-speaking countries such as South Africa or the US refer to it as a **»cellphone«.**

Do's and Don'ts

Office relations in Britain are very **informal** when viewed from a German perspective, although senior staff - particularly the boss – are treated with correctness and respect (particularly department heads or the boss!). Colleagues are almost always on first-name terms, so don't be surprised to find yourself addressed that way from day one. Respond in the same way – if Peter is addressed by his first name and then gives his colleagues a »Mr« or »Mrs« title he'll be dismissed as a »cool Hamburger«! You'll be offered a hand to shake on first introductions, but after that shaking hands is not a British custom.

Talk Talk Talk

J. Well now, Mr Brückner, please **step into** my office and we'll **tackle the formalities.** Please sit down. I have your **CV** here and I must say I'm very impressed. It's rare for us to receive a CV written so accurately and concisely. Let me just **go through the details.** You were born, I see, in Hamburg on June 30, 1969. There is one **gap** here for the years 1985-86.

J. Gut, Mr Brückner, dann **kommen Sie doch bitte hinein** in mein Büro und **wir nehmen die Formalitäten in Angriff.** Setzen Sie sich doch. Ich habe hier ihren **Lebenslauf** vor mir liegen und ich muss sagen: Ich bin sehr beeindruckt. Es ist sehr selten, dass wir einen Lebenslauf bekommen, der so genau und vollständig ist. Lassen Sie mich noch einmal **durch die Details gehen.** Wie ich sehe, wurden Sie am 30. Juni 1969 in Hamburg geboren. Aber hier gibt es eine **Lücke**, 1985 bis 86.

P. I took two years off and toured North America. I thought it wasn't that important to mention in the CV.

P. Oh, ich habe mir eine Auszeit von zwei Jahren genommen und bin durch Nordamerika gereist. Ich dachte, es wäre nicht wichtig, das im Lebenslauf zu erwähnen.

J. It certainly explains your good command of English. May I just pause here to **call in** Mr Jenkins of the **Personnel Department.** He will want to explain to you certain points in your **contract**.

(He **lifts the telephone receiver** and presses one of the buttons on the console in front of him)
Hello, David. It's Morgan here. I have Mr Brückner in the office. Could you **come in** for a moment, please?

(David Jenkins enters)
J. David, **I'd like you to meet** Mr Brückner, who has joined us from Hamburg. Mr Brückner, this is Mr David Jenkins of our Personnel Department.

P. How do you do?

M. And now let me show you your office, Peter. It's right next to mine.

P. It's really very nice. And very well equipped.

M. We obviously have the very latest hardware and software. You have Windows already installed, and also the Microsoft »Office« programs. You have **instant Internet access**, and **don't be shy** to

J. Es erklärt zumindest Ihr gutes Englisch. Lassen Sie mich an dieser Stelle eine kurze Pause einlegen, um Mr Jenkins von der **Personalabteilung dazu zurufen.** Er wird mit Ihnen bestimmte Details Ihres **Vertrages** durchgehen wollen.

(Er **nimmt den Hörer ab** und drückt einen der Knöpfe auf der Konsole vor ihm)
Hallo, David. Hier Morgan. Ich habe Mr Brückner bei mir im Büro. Könnten Sie bitte einen Moment **vorbei kommen?**

(David Jenkins tritt ein)
J. David, **ich würde Ihnen gern** Mr Brückner **vorstellen,** der aus Hamburg zu uns gestoßen ist. Mr Brückner, das ist Mr David Jenkins aus unserer Personalabteilung.

P. Wie geht es Ihnen?

M. So, lassen Sie mich Ihnen Ihr Büro zeigen, Peter. Es liegt gleich neben meinem.

P. Wirklich sehr nett. Und sehr gut ausgestattet.

M. Wie Sie sehen, verfügen wir tatsächlich über die allerneueste Hard- und Software. Windows ist bereits vorinstalliert, ebenso wie die Microsoft Office-Programme. Sie haben einen **direkten**

use it. Our service package includes **unlimited Internet usage**. You can also **access** company files at any time. Lucy will organize your **personal password**. And if you have any problem at all, call our service staff. Again, Lucy has the number. Just ask her to **put you through**.

Zugriff auf das Internet – und **haben Sie keine Hemmungen**, damit zu arbeiten. Zu unserem Service-Paket gehört eine **unbeschränkte Internet-Nutzung**. Sie können außerdem jederzeit auf alle Firmendaten **zugreifen**. Lucy wird Ihnen Ihr **persönliches Passwort** geben. Wenn Sie irgendwelche Probleme haben sollten, rufen Sie einfach unser Service-Team an. Bitten Sie sie einfach, sich von ihr **durchstellen zu lassen**.

Background Information

»Programme« is in general the British spelling. But in computer applications the British use the American spelling, that is »program«.

Train Yourself!

Füllen Sie die Lücken!

The office has the latest technology. It is ______________.
How do I ______________ the Internet?
What software has been ______________?

Background Information

A **CV** – **Curriculum Vitae** – is a written »Lebenslauf«. It should be brief and to the point. If you have to write one, remember it might be joining many others on a busy company director's desk. If you can't command his attention in one page then two or three aren't going to help. But avoid eye-catching tricks along the lines of »I'm just the person your company has been looking for«. Make sure there are no inexplicable gaps and also ensure that every claimed qualification can be supported by the **necessary certificates** or **diplomas**. Give two reliable references.

Talk Talk Talk

M. (enters Peter's office) Lunch-time, Peter! Normally, we **go out** for sandwiches – there are some excellent sandwich bars in the area. But **let's get the week off to a good start**. Let me invite you to lunch at one of our wine bars. Forget the pubs at lunch-time. They're usually hopelessly over-crowded and you have to fight for a beer. Beer, anyway, **knocks me out** for the whole day ...

M. (betritt Peters Büro) Zeit zum Mittagessen, Peter! Normalerweise holen wir uns Sandwiches – wir haben ein paar wirklich ausge-zeichnete Sandwich-Bars in der Umgebung. Aber **gönnen wir uns zum Wochenauftakt** doch einmal etwas. Ich lade Sie zum Mittag in eines unserer Weinbars ein. Die Pubs können Sie zur Mittagszeit vergessen. Sie sind normalerweise völlig überfüllt und Sie müssen um ein Bier kämpfen. Wen ich Mittags ein Bier trinke **haut mich das** so wie so für den Rest des Tages **um ...**

(In the wine bar)
M. Well, Peter, **what's it to be**? I can **recommend** a very good cla-ret. Or would you prefer a wine from your homeland?

(In der Weinbar)
M. Also, Peter, was **darf es denn sein**? Ich kann Ihnen einen sehr guten Rotwein **empfehlen**. Oder würden Sie einen Wein aus Ihrer Heimat vorziehen?

P. No, I enjoy a Bordeaux. I'll join you in one.

P. Nein, ich trinke gerne einen Bordeaux mit Ihnen.

M. And something with it? They do a rather fancy »Ploughman's«.

M. Vielleicht noch irgendetwas dazu? Es gibt hier einen ziemlich guten »Ploughman's«.

P. »Ploughman's«?

P. »Ploughman's«?

M. »Ploughman's lunch«. Basically bread and cheese – the kind of lunch the ploughman would take

M. Ein »Ploughman's Lunch«. Es besteht hauptsächlich aus Brot und Käse – eben die Art von

with him into the fields in the old days. Now it's a staple of **»pub grub«**, but more and more wine bars are now offering it, although it's an **upmarket** »Ploughman's« – sometimes with French cheese. Sacrilege!

Mittags-Imbiss, die ein Ackersmann früher mit aufs Feld genommen hätte. Jetzt gehört er zum »pub grub« – zum »Kneipenfutter«, aber auch immer mehr Weinbars bieten diesen Imbiss an. Allerdings ist es dann meist ein **aufgemotzter** »Ploughman's« – manchmal sogar mit französischem Käse. Was für ein Sakrileg!

Train Yourself

1. Bei einer Einladung in einem Londoner Pub werden Sie von Ihrem Gastgeber gefragt, was Sie trinken möchten. **Wie lautet die angemessene Antwort?**

- Give me a beer.
- Would you please ask them to serve me a glass of beer.
- I'd like a beer, please.

2. Laden Sie nun Ihren Vorgesetzten ein!

- What's yours?
- Now, what would you like to drink?
- May I invite you to partake in something to drink?

Talk Talk Talk

(Back at the office)
M. First things first, Peter. You'd better spend the afternoon making **contact** with various **estate agents**. Have you decided where you'd like to live?

(Zurück im Büro)
M. Immer eins nach dem anderen, Peter. Sie sollten heute Nachmittag erst einmal **Kontakt** zu verschiedenen **Maklern aufnehmen**. Haben Sie sich schon entschieden, wo Sie gerne wohnen würden?

P. It's a bit early for that, Mr Morgan. But I would like to make

P. Dafür ist es noch ein wenig zu früh, Mr Morgan. Aber ich würde

some initial inquiries. How should I go about it?

mich gerne schon mal etwas umschauen. Wie fange ich das wohl am besten an?

M. Lucy can help you there. She has a list of all the leading estate agents in London. Your **best bet** is to **give them all a call** and tell them roughly what you're looking for.

M. Dabei kann Lucy Ihnen helfen. Sie hat eine Liste mit den wichtigsten Wohnungsmaklern von London. Sie haben **die besten Chancen**, wenn sie einfach alle **anrufen** und ihnen grob sagen, was Sie suchen.

P. Thank you. I'll **tackle** Lucy about it right now ...

P. Vielen Dank. Ich werde Lucy gleich damit **überfallen** ...

P. Lucy, could you please give me the numbers of some **leading** estate agents. I'd like to begin looking for some permanent accommodation.

P. Lucy, könnten Sie mir bitte die Telefonnummern von einigen der **führenden** Wohnungsmaklern geben? Ich würde gern damit anfangen, nach einer dauerhaften Bleibe zu suchen.

L. My, you are in a hurry, Peter. But **don't put off until tomorrow what you can do today**. I'd start with Johnson and Partners if I were you. They **are represented** all over London. Here is their number. Can you manage or should I help you **deal with them over the phone**?

L. Meine Güte, Sie sind ja von der ganz schnellen Truppe, Peter. Aber es stimmt schon, **verschiebe nie auf morgen, was du heute kannst besorgen**. Ich würde an Ihrer Stelle mit Johnson and Partners anfangen. Sie **haben** überall in London ihre **Filialen**. Hier ist ihre Nummer. Kommen Sie zurecht, oder soll ich Ihnen helfen, wenn Sie **am Telefon mit ihnen verhandeln**?

P. Oh, no, Lucy. I have to start somewhere. London estate agents can't be as frightening as Hamburg ones.

P. Oh, nein, Lucy, Danke. Irgendwann muss ich schließlich damit anfangen, allein klar zu kommen. Und Londoner Makler können gar nicht so Furcht einflößend sein, wie die in Hamburg.

L. Then here's the number. **Can I** at least **connect you**?

L. Gut, hier haben Sie die Nummer. **Soll ich Sie** wenigstens **durchstellen**?

P. No, no. Let me try myself ... **Hello, is that** Johnson and Partners? My name is Peter Brückner. I'm new in London and I am looking for permanent accommodation. I thought you might be able to help me. My company recommended you.

P. Nein, nein. Lassen Sie es mich selbst versuchen ... **Hallo, spreche ich da mit** Johnson und Partners? Mein Name ist Peter Brückner. Ich bin gerade erst nach London gekommen und suche nun nach einer festen Bleibe. Ich dachte, Sie könnten mir vielleicht dabei helfen. Sie wurden mir von meiner Firma empfohlen.

(Johnson and Partners switchboard)
I'm afraid you are **connected** at the moment to the **switchboard**. I'll have to **put you through** to one of our letting staff. What area are you interested in?

(Telefonzentrale von Johnson und Partners)
Tut mir Leid, Sie sind momentan mit der **Vermittlungszentrale** unserer Firma **verbunden**. Ich werde Sie mit einem unserer Wohnungsvermittler **weiterverbinden**. An welches Wohngebiet hatten Sie denn gedacht?

P. Oh dear! I don't really know. Somewhere quite central but not too expensive.

P. Du meine Güte! Das weiß ich wirklich nicht. Relativ zentral, aber nicht zu teuer.

(Switchboard operator)
Well, that makes things difficult. I'll ask Mr Johnson. **Please hold the line** a moment ...

(Vermittler der Telefonzentrale)
Tja, das macht es nicht gerade leichter. Ich werde Mr Johnson fragen. **Bitte bleiben Sie dran** ...

P. Hello, hello! Damn, I think they have **cut me off**. Lucy, I need your help. **How can I get reconnected**?

P. Hallo, Hallo? Verdammt, ich glaube, die haben mich **aus der Leitung geworfen**. Lucy, ich brauche Ihre Hilfe. **Wie bekomme ich wieder eine Verbindung**?

L. **The line is still open**, Peter. You'll just have to wait. Didn't they tell you **to hold on**?

L. **Die Verbindung steht noch**, Peter. Sie müssen einfach warten. Haben sie Ihnen nicht gesagt, Sie sollen **in der Leitung bleiben**?

P. Yes, but **the line seems to have gone dead**. I think she's **put the phone down** on me! I'll **hang up** and try again ... Hello, Johnson and Partners? You seem to have cut me off ...

P. Ja, aber **die Verbindung scheint unterbrochen worden zu sein**. Ich glaube, Sie **hat einfach aufgelegt**! Ich **lege** jetzt auch **auf** und versuche es noch einmal ... Hallo, Johnson und Partners? Sie scheinen mich aus der Leitung geworfen zu haben ...

J. **Who's there**?

J. **Wer spricht da bitte**?

P. Peter Brückner, from Hamburg ...

P. Peter Brückner, aus Hamburg ...

J. Hamburg? You sound as if you are just around the corner. **Do you want to speak to me**?

J. Hamburg? Sie klingen, als wären sie gleich um die Ecke. **Sie wollten mit mir sprechen**?

P. I *am* just around the corner! **Who am I speaking to**?

P. Ich *bin* gleich um die Ecke! **Mit wem spreche ich**?

J. Johnson! **What can I do for you?**

J. Johnson! **Was kann ich für Sie tun**?

P. Mr Johnson himself? Oh, **I'm very sorry to trouble you**, but your **telephone operator** said she'd **connect** me to somebody who could help me with my **inquiry**.

P. Mr Johnson persönlich? Oh, es **tut mir sehr Leid, Sie zu belästigen**, aber die **Dame in Ihrer Telefonzentrale** sagte, sie würde mich mit jemandem **verbinden**, der mir bei meiner **Anfrage** weiterhelfen könnte.

J. What inquiry?

J. Was für eine Anfrage?

P. I'm looking for somewhere to rent in London.

P. Ich suche eine Mietwohnung in London.

J. Where in London?

J. Wo in London?

P. Well, I haven't really decided yet. I thought I'd **look around** first.

P. Na ja, ich habe mich da noch nicht entschieden. Ich dachte, **ich sehe mich** erst einmal **etwas um** ...

J. My God, man! London's a big city, you know - a lot bigger even than your Hamburg. You have a good look around first and when you've found an area to your liking then **by all means** call us again. **Good day to you!**

J. Mein Gott, mein Bester! London ist eine große Stadt, wissen Sie – viel größer als Ihr Hamburg. Sehen Sie sich also bitte erst einmal gut um und wenn Sie ein Viertel gefunden haben, das Ihnen gefällt, dann rufen Sie uns **auf jeden Fall** wieder an. **Einen schönen guten Tag noch!**

Train Yourself

1. Nachdem Sie einige Zeit vergeblich darauf gewartet haben, durchgestellt zu werden, beschließen Sie, es einfach noch einmal zu versuchen. Diesmal sind Sie erfolgreich. **Was sagen Sie der Vermittlung?**

Hello! I believe I was ________ off when I ________ the first time. I was told to ________ the line, but then the phone ________ dead. I decided to ________ up and try to be ________.

2. Sie haben jemanden am Telefon, der falsch verbunden wurde. Er spricht Sie mit Mr Smith an und beschwert sich fürchterlich über eine falsche Lieferung. **Wie führen Sie das Gespräch?**

I'm sorry. You appear to have been wrongly ________. If you'd like to ________ I shall try to ________ you ________ to the person you are looking for. If you don't ________ through then please ________ again.

Talk Talk Talk

(Steve to Peter)
S. Well, Peter. **How are you doing**? Found a place, or will you be making your bed at Buckingham Palace?

(Steve zu Peter)
S. Also, Peter, **sind Sie weiter gekommen**? Haben Sie eine Wohnung gefunden oder werden Sie Ihr Lager im Buckingham Palace aufschlagen?

P. I've had terrible trouble, Steve. First of all I had difficulty **being put through** to the estate agency and then they seemed to be **put out** because I wasn't sure where I wanted to live.

P. Ich hatte furchtbaren Ärger, Steve. Zuerst hatte ich Probleme, bei dieser Maklerfirma richtig **durchgestellt zu werden** und dann scheinen sie **verärgert gewesen zu sein**, weil ich nicht wusste, wo ich wohnen wollte.

S. Didn't you tell them Wimbledon? Don't listen to Melissa. She has no idea of the delights Wimbledon has to offer. Look, **give me a buzz** tonight after you get home and we'll fix something up. There are a few good pubs in my area. Not up to the standard of Morgan's wine bar, I'll admit. But at least the beer is good – even for a German's taste!

S. Warum haben Sie nicht einfach Wimbledon gesagt? Hören Sie bloß nicht auf Melissa. Sie hat keine Ahnung von den Vorteilen, die Wimbledon bietet. Passen Sie auf: **Rufen Sie** einfach **kurz durch**, wenn Sie heute Abend nach Hause kommen, und wir regeln das schon. Es gibt ein paar wirklich gute Pubs in meiner Gegend. Allerdings nicht gerade das Niveau von Morgans Weinbar, das muss ich zugeben. Aber wenigstens ist das Bier gut – sogar für deutsche Geschmäcker!

P. **That's very kind of you**, Steve. I'll certainly **give you a call** – that is, **if my phone is working** again. I've had such problems with the

P. **Das ist wirklich sehr nett von Ihnen**, Steve. **Ich rufe** ganz bestimmt **an** – vorausgesetzt, mein **Telefon funktioniert wieder**.

telephone system since I arrived that I'm beginning to believe it's jinxed.

Seit ich hier bin, habe ich solche Probleme mit dem Londoner **Telefonsystem** – ich glaube fast, es ist verhext.

S. **Not to worry**. Use pigeon post. There are enough of the blighters in Trafalgar Square.

S. **Nur keine Sorge**. Benutzen Sie einfach Brieftauben. Auf dem Trafalgar Square gibt es wahrlich genug von den Biestern.

P. Pigeon post?

P. Brieftauben?

S. Send the message by pigeon. Just my humour, Peter – I'm glad to have somebody new to try it out on. Sorry!

S. Ach, das ist nur meine Art von Humor, Peter – ich bin froh, das ich ein neues Opfer habe, an dem ich ihn ausprobieren kann. Tut mir Leid!

Train Yourself

1. Ein Freund ruft an, um Sie zum Essen einzuladen. **Wie lautet die angemessene Antwort?**

Thank you ______________ (*very much* or *kindly?*). It's very ______________ (*kind* or *accommodating?*) to think of me. I'd ______________ (*love* or *be enchanted?*) to come, but I'm not sure how long I shall be staying at the office. Can I ______________ (*call you* or *give you a telephone call?*) later?

2. Sie können die Einladung nicht annehmen, weil Sie zu beschäftigt sind. **Wie würden Sie ablehnen, wenn die Einladung von Ihrem Chef käme?**

- Sorry, I can't make it tonight.
- I'm busy - perhaps another time.
- I'd love to come, but I'm afraid I shall be working late.
- Can you call me later at the office and I'll let you know then.

Talk Talk Talk

(The next day, in the office)
L. Good morning, Peter! You **look a bit down**. Anything wrong?

(Am nächsten Tag im Büro)
L. Guten Morgen, Peter! Sie sehen **etwas deprimiert aus**. Stimmt etwas nicht?

P. I was out with Steve last night and lost my briefcase. I think I left it on the tube.

P. Ich war gestern Abend mit Steve unterwegs und habe meine Aktentasche verloren. Ich glaube, ich habe sie in der U-Bahn liegen lassen.

L. Goodness me. Did it have anything valuable in it?

L. Du liebe Güte. War etwas Wertvolles drin?

P. Just some **papers**. Thank goodness I always carry my passport and **wallet** on me. But I would like to try and get it back.

P. Nur ein paar **Unterlagen**. Gott sei Dank trage ich meinen Ausweis und meine **Brieftasche** immer bei mir. Aber ich würde gerne versuchen, sie zurückzubekommen.

L. Then you must **call** the **Lost Property**. You might be lucky, although I wouldn't be too hopeful if I were you.

L. Dann müssen Sie das **Fundbüro anrufen**. Vielleicht haben Sie ja Glück, obwohl ich mir an Ihrer Stelle keine zu großen Hoffnungen machen würde.

P. I'll **try them** right now. Can you **put me through**, Lucy?

P. Ich **versuche es** sofort **bei ihnen**. Können Sie mich **durchstellen**, Lucy?

L. Certainly. I have the number of London Transport right here. I'll **dial** it for you. Oh dear, the number is **engaged. I'll try again in a few minutes** ... Peter? I have London Transport on the line now.

L. Natürlich. Ich habe die Nummer vom Londoner Nahverkehr gleich hier. Ich **wähle** für Sie. Oh, so ein Pech, die Leitung ist **besetzt**. **Ich versuche es in ein paar Minuten noch einmal** ... Peter? Ich habe jetzt die Verwaltungszentrale des Londoner Nahverkehrs am Telefon.

P. (picks up phone in his office)

Hello, is that London Transport? Could you **put me through** please to your Lost Property Department? Thank you! Lost Property? **I wonder if you could help me.** I believe I lost my briefcase late last night on the District Line between Wimbledon and Victoria. It's black hide with brass locks and it has the initials PB inscribed in gold lettering. Yes, I'll **hang on** ... You do? That's fantastic. I never really expected to have it returned. Thank you so much. I'll call today for it. What is **your address**? And until what time are you open? You close at eight? Fine, I shall **call by** around six.

P. (nimmt in seinem Büro den Hörer ab)

Hallo, ist dort die Londoner Nahverkehrszentrale? Könnten Sie mich bitte zu Ihrer Fundstelle **durchstellen**? Vielen Dank! Hallo, ist dort die Fundstelle? **Ich frage mich, ob Sie mir helfen können**. Ich glaube, ich habe gestern Abend meine Aktentasche auf der Linie Wimbledon/Victoria verloren. Sie ist aus schwarzem Leder mit einem Messingverschluss und trägt goldene Initialen mit den Buchstaben PB. Ja, **ich warte** ... Sie haben sie? Das ist ja fantastisch! Ich hätte nie gedacht, dass ich sie wiederbekomme. Haben Sie vielen Dank. Ich hole sie heute noch ab. Wie ist denn **Ihre Adresse**? Und wie lange haben Sie geöffnet? Sie schließen um acht? Schön, ich werde so gegen sechs Uhr **vorbeikommen**.

Train Yourself

Eine ausländische Touristin hat ihren Regenschirm auf dem oberen Teil eines Londoner Busses liegen lassen und rief das Fundbüro des Londoner Nahverkehrs an. **Sie wissen jetzt genug, um ihr Englisch korrigieren zu können – also an die Arbeit ...**

Hello, am I talking to Lost Property? No? What number is on the line? Can you talk more slow! I need to say to Lost Property I have lost my umbrella! Please direct me to the right number! What means dial? Extension? Extend what? Please talk more clear! I repeat – I became this number from the book for telephones and now you say me I have not the right number!

False Friends

The English **»briefcase«** is the German »Aktentasche«. The English word for »Brieftasche« is »wallet«.
Another false friend is **»engaged«** which can't be translated into German as »engagiert«. »Engaged« means either »verlobt sein« or – as in our case – »(Leitung) besetzt sein«. The English word for »engagiert« is »dedicated« or »involved«.

Talk Talk Talk

S. (enters office) Hello Lucy, hello Peter! Get home all right last night?

S. (betritt das Büro) Hallo Lucy, hallo Peter! Sind Sie letzte Nacht gut nach Hause gekommen?

P. Yes, **no problem**, but I left my briefcase on the train. It's been **handed in** at the Lost Property, though.

P. Ja, **kein Problem**, aber ich habe meine Aktentasche in der U-Bahn liegen gelassen. Zum Glück wurde sie beim Fundbüro **abgegeben**.

S. Did you call them? They are usually so **busy** you have to wait an age to **get through**.

S. Haben Sie da angerufen? Normalerweise sind die so **beschäftigt**, dass man eine Ewigkeit warten muss um **durchzukommen**.

P. Lucy helped **connect** me. They were very helpful.

P. Lucy hat mir dabei geholfen, eine **Verbindung** zu bekommen. Sie waren wirklich sehr hilfsbereit.

S. Lucky it was only the briefcase, my friend. We had **quite a bit** to drink, you know!

S. Gut, dass es nur Ihre Aktentasche war, mein Freund. Wir haben **einiges** getrunken gestern Abend!

P. It's not the amount so much, it's the speed with which you English put it back.

P. Ach, es war gar nicht mal die Menge, sondern das Tempo, mit dem ihr Engländer es 'runterkippt.

S. You have to be **quick on the downtake** to beat that damn bell they ring.

S. Tja, man muss einen **guten Zug am Leibe haben**, um diese verdammte Sperrstunden-Glocke zu schlagen.

P. I thought all that was now abolished with the new opening hours.

P. Oh, und ich dachte, mit den neuen Sperrstunden hätte sich das erübrigt?

S. **Fine thought!** They've relaxed the closing hours but they're still nothing like yours in good old Hamburg. And they still ring that bell for **last orders**. Gets on my nerves.

S. **Schön wär's!** Die Sperrstunden sind zwar etwas gelockert worden, aber das ist immer noch nichts verglichen mit den Kneipenöffnungszeiten in Ihrer alten Heimat Hamburg. Und es wird hier immer noch eine Glocke geläutet, um die **letzten Bestellungen** entgegenzunehmen. Das geht mir ganz schön auf die Nerven.

Background Information

Drinking habits are very different in Britain to those in Germany, particularly in pubs. The British buy »rounds« when drinking in company, meaning each person in the group **pays in turn for all the others**. Under no circumstances try to pay only your own account - that is regarded as very bad behaviour! The practice of buying rounds can, of course, create problems, particularly if you're in a large group!

Talk Talk Talk

M. Good morning all!

M. Guten Morgen zusammen!

S. My, you're **bright and breezy** this morning, Melissa.

S. Meine Güte, Sie sind ja heute **frisch wie der junge Morgen**, Melissa.

M. More than I can say for you. You look as if you haven't slept. Out **on the town** again?

M. Das ist mehr, als man von Ihnen sagen kann. Sie sehen aus, als hätten Sie kein Auge zugemacht. Sind Sie wieder mal **um die Häuser gezogen**?

S. Depends what you mean by town. I was showing a bit of it to our new colleague.

S. So könnte man es auch sagen. Ich habe unserem neuen Kollegen ein bisschen von der Stadt gezeigt.

M. Showing him the pubs, **more like it**.

M. **Wahrscheinlich eher** die Kneipen.

S. Nearly called you to ask you to join us.

S. Ich hätte Sie fast angerufen, um zu fragen, ob Sie mitkommen.

M. You wouldn't have got far. I keep my **voice-mail** on to **keep** types like you **at bay**.

M. Na, da wären Sie nicht weit gekommen. Ich lasse extra meinen **Anrufbeantworter** immer laufen, um mir Typen wie Sie **vom Hals zu halten**.

S. I'd have left you a sweet message, my dear – but I needed my **small change** for other things.

S. Oh, ich hätte Ihnen schon eine süße Liebesbotschaft hinterlassen, meine Liebe – aber ich brauchte mein **Kleingeld** für etwas anderes.

M. For the next beer, no doubt.

M. Für das nächste Bier, keine Frage.

S. OK, next time I really will call and leave you a message.

S. OK, nächstes Mal werde ich wirklich anrufen und Ihnen eine Nachricht hinterlassen.

M. You'll have to wait a long time for an answer, my lad.

M. Na, da werden Sie lange auf eine Antwort warten müssen, mein Guter.

S. And if I call to invite you for a really exciting night out?	S. Und wenn ich Sie anrufe und zu einem wirklich aufregenden Abend einlade?

Background Information

A telephone answering machine is also called **»voice-mail«** in England. If you leave a message on voice-mail, make sure you identify yourself clearly and also distinctly give the number where you can be reached, repeating it for emphasis. If you are leaving a mobile number on voice-mail it's especially helpful to enunciate each digit slowly and also repeat the full number.

Vocabulary

to access	zugreifen auf
answering machine/answer-phone	Anrufbeantworter
to be represented all over a city	in der ganzen Stadt Filialen haben
to be speaking/calling/on the line	am Apparat sein
briefcase	Aktentasche
to call by	vorbeikommen
cell(ular) phone	Mobiltelefon, Handy
to connect sb.	jdn. durchstellen
to cut sb. off	jdn. aus der Leitung werfen
CV (curriculum vitae)	Lebenslauf
to deal with sb. over the phone	am Telefon mit jdm. verhandeln
to dial	wählen
estate agent	Wohnungsmakler
extension	Durchwahl
to get through	durchkommen
to give sb. a buzz	(ugs.) jdn. anrufen
to give sb. a call	jdn. anrufen
to hang up and try again	auflegen und es noch einmal versuchen
to hang/hold (on); hold the line	in der Leitung bleiben, warten
to have difficulty in reaching sb.	Probleme haben, jdn. zu erreichen
Hello, is that ...	Hallo, spreche ich mit ...

How can I get reconnected?	Wie bekomme ich wieder Verbindung?
inquiry	Anfrage
instant access	direkter Zugriff
leading	führend
to look in	hereinschauen
to lift	abnehmen (Hörer)
to make contact	Kontakt aufnehmen
May I help you?	Kann ich Ihnen behilflich sein?
meeting	Besprechung
to mend the lines	Leitungen reparieren
mobile (phone)	Mobiltelefon, Handy
not to get through	nicht durchkommen
operator	Vermittlung
personnel department	Personal-Abteilung
to phone to find out	anrufen, um nachzufragen
to put sb. through	jdn. durchstellen
to put the phone down	auflegen
to reach on the phone	telefonisch erreichen
to step into	hereinkommen
shortly	in Kürze, gleich
small change	Kleingeld
... speaking	... am Apparat
switchboard	Vermittlungszentrale
to tackle formalities	Formalitäten in Angriff nehmen
telephone number	Telefonnummer
telephone receiver	Telefonhörer
the line is still open	die Verbindung steht noch
the line went dead	die Verbindung wurde unterbrochen
the number is ringing	es wird gerade durchgeläutet
the number/line is engaged	es ist belegt
to trouble s.o.	jdn. belästigen
to try to get hold of sb.	versuchen, jdn. zu erreichen
tube (colloq.)	U-Bahn
unlimited usage	unbeschränkte Nutzung
voice mail	Anrufbeantworter
wrongly connected	falsch verbunden

In the Sales Department
In der Verkaufs-Abteilung

Here we go

Nach seinen ersten Telefonerfahrungen und den ersten kleinen Schwierigkeiten beim Zurechtfinden im britischen Alltags- und Geschäftsleben beginnt für Peter jetzt die zweite Woche im fernen London. Die nächste Zeit wird er im Büro von Steve Blackman assistieren, um einen Einblick in die Welt des Verkaufs zu bekommen.

Talk Talk

(Peter enters)
L. Good morning, Peter! Your second week already. What has Mr Morgan in mind for you?

(Peter kommt herein)
L. Guten Morgen, Peter! Das ist ja schon Ihre zweite Arbeitswoche. Was hat Mr Morgan für Sie geplant?

P. **I'm joining** Steve in the Sales Department, but first I have to complete some **formalities** with the **Department of social security**. They have written to me with some forms. I have to get a **social security number**. I was so busy last week that I never got around to it.

P. **Ich werde** Steve in der Verkaufsabteilung **unterstützen**, aber zuerst muss ich noch ein paar **Formalitäten** mit dem **Sozialversicherungsamt** abklären. Die haben mir ein paar Formulare geschickt. Ich brauche noch eine **Sozialversicherungsnummer**. Ich war letzte Woche so beschäftigt, dass ich mich noch gar nicht darum kümmern konnte.

L. Shall I help you? Just give me the **forms**.

L. Soll ich Ihnen dabei helfen? Geben Sie mir doch einfach die **Formulare**.

P. Thank you, Lucy, but I think I'll have to phone them first with some personal questions. It will be easier if I deal with them myself.

P. Danke, Lucy, aber ich glaube, ich muss zuerst mal mit denen telefonieren, um ein paar persönliche Fragen zu klären. Es wird sicher einfacher sein, wenn ich das selbst regle.

L. Then pour yourself a cup of tea and I'll put you through ...

L. Dann gießen Sie sich erst einmal eine Tasse Tee ein. Ich stelle Sie derweil durch ...

P. ... Hello, is that the Department of Social Security? I have some questions **regarding** my **employment** in Britain. **Could you connect me with somebody who could help me**. No, I'm not applying for assisted housing – whatever that is. Hello! Who am I speaking to? The **Pensions Officer**? How was I put through to you? Can you reconnect me to the switchboard, please! Hello! Who? Maternity benefit?
Lucy, Lucy! Help, please!

P. ... Hallo, spreche ich mit dem Amt für Sozialversicherungen? Ich habe ein paar Fragen **bezüglich** meiner **Arbeitsanstellung** in Großbritannien. **Könnten Sie mich bitte mit jemandem verbinden, der mir da weiterhelfen kann?** Nein, ich frage nicht wegen »Assisted Housing« an – was immer das sein mag. Hallo! Mit wem spreche ich bitte? Mit dem **Abteilungsleiter für Pensionsfragen**? Wieso hat man mich denn mit Ihnen verbunden? Könnten Sie mich bitte zur Telefonzentrale zurückverbinden? Hallo? Wer? Mutterschaftshilfe?
Lucy, Lucy! Helfen Sie mir bitte!

Train Yourself

Peter schafft es endlich bei der zuständigen Stelle durchzukommen.
Wie entwickelt sich das Gespräch weiter?

Official: Good morning, can I be ____________________?
P. Yes, please! I've been trying for ages to ____________ the right person. I hope I've now been ________________ correctly.
O. I can't understand how you had problems __________ through to me. What is it you ________________?

P. I have just started work for a company in London. I'm German and I'm told I must obtain a social security number.
O. Is this your first ______ to us?
P. Yes, I was too busy during my first week at work to spare the time to ______ you.
O. Don't worry. Did we send you the necessary forms?
P. Yes, but I have so many questions I thought it better to ______ you personally.
O. I can't really help you ______ the phone. You'll have to ______ by personally. Can you ______ to make an appointment? I'll ______ you ______ to the secretary.
P. Hello, hello! Who am I ______ to now? Maternity benefit! Oh, no!

Talk Talk Talk

(Steve's Office)	(Steves Büro)
P. Good morning, Steve. Mr Morgan tells me I'm working for you this week.	P. Guten Morgen, Steve. Mr Morgan hat mir gesagt, dass ich diese Woche für Sie arbeite.
S. That's right, Peter. I hope you don't pick up any bad habits. I tried to call you at the weekend, but there was no reply. You don't have **voice-mail**?	S. Stimmt, Peter. Hoffentlich gewöhnen Sie sich bei mir keine schlechten Eigenschaften an. Ich habe schon versucht, Sie am Wochenende anzurufen, aber da ging niemand ans Telefon. Haben Sie denn kein **Voice-Mail**?
P. Voice-mail? You mean an **answering machine**? I have ordered one from the **telephone people**, but it will take another week or so to install. I travelled down to Brighton at the weekend. German friends called me up on Saturday morning to invite me down there.	P. Voice-Mail? Ach, Sie meinen einen **Anrufbeantworter**? Ich habe einen bei der **Telefongesellschaft** beantragt, aber es wird noch etwa eine Woche dauern, bis er angeschlossen ist. Ich bin über das Wochenende in Brighton gewesen. Freunde aus Deutschland hatten mich über das Wochenende dorthin eingeladen.

S. Well, I hope you had a relaxing time because we've got a busy week ahead of us. Our **top salesman** called in sick this morning, and I can't get hold of his **replacement**.

S. Tja, ich hoffe, Sie haben sich gut erholt, denn wir haben eine anstrengende Woche vor uns. Unser **Top-Verkäufer** hat sich heute Morgen krank gemeldet und ich erreiche seine **Vertretung** nicht.

P. How can I help out?

P. Wie kann ich da weiterhelfen?

S. Look, can you keep on trying his numbers. He's not even answering his **mobile**. Something must have happened to him over the weekend. He's usually very reliable and has his **report** on my desk first thing Monday mornings.

S. Nun ja, Sie können versuchen, ihn weiter über seine Telefonnummer zu erreichen. Er geht nicht einmal an sein **Handy**. Irgendetwas muss ihm am Wochenende passiert sein. Er ist normalerweise sehr zuverlässig und ich habe seinen **Bericht** immer Montag früh auf dem Schreibtisch.

P. Report?

P. Bericht?

S. Each of our half dozen salespersons must submit a weekly **progress report**. Four are in. One man is sick – and one's gone missing! While I work through these reports can you try to **track** him **down**. Keep trying to get him on the phone. You can also **phone around** the other salesmen to see if they have any idea where he is.

S. Jeder unserer Vertreter und Vertreterinnen im Außendienst muss einen wöchentlichen **Erfolgsbericht** abliefern. Vier haben wir bereits. Einer unser Leute ist krank – und einer wird vermisst! Während ich mich durch diese Berichte arbeite, können Sie versuchen, ihn **aufzuspüren**. Versuchen Sie weiter, ihn ans Telefon zu bekommen. Sie können auch bei den anderen Vertretern **herumtelefonieren** – vielleicht haben die ja eine Ahnung, wo er stecken könnte.

P. No problem, Steve. Just give me the numbers.

P. Kein Problem, Steve. Geben Sie mir einfach die Nummern.

S. Here's his mobile number. He has instructions to have it **switched on** at all times. And here is his home number. He has voice-mail and I've left **umpteen** messages on it already.

S. Hier ist seine Handy-Nummer. Er hat eigentlich Anweisungen, es Tag und Nacht **eingeschaltet** zu lassen. Und hier ist seine Nummer von zu Hause. Er hat einen Anrufbeantworter und ich habe bereits **zig** Nachrichten hinterlassen.

P. **I'll get down to it right away**. Is there anything I should know about him?

P. **Ich kümmere mich sofort darum.** Gibt es etwas, das ich über ihn wissen sollte?

S. His name is Joe Sampson. Single, lives alone in Newcastle and **covers** the entire north-east for us from there.

S. Sein Name ist Joe Sampson. Er ist Single und lebt allein in Newcastle. Das ganze Nord-Ost-Gebiet **fällt unter** seine **Zuständigkeit**.

Background Information

Salesman or salesperson?

»-person« in combination instead of »-man« is used in Great Britain to avoid illegal or unnecessary discrimination on grounds of sex.

Train Yourself

Peter schafft es endlich, Joe Sampson auf seinem Handy zu erreichen. **Wie verläuft die weitere Konversation?**

P. Hello, Mr Sampson? _____ Peter Brückner, from ERGO in London. We have been trying to _____ you for ages. Mr Blackman has _____ several messages on your _____ _____. He hasn't received your weekly report, either. Is anything wrong?

S. I've just come out of hospital. I slipped and injured my shoulder while putting up some cupboards on Saturday morning and the neighbours carted me off to hospital. I'm sorry I didn't have my _____ phone with me. Have you been trying very long to _____ me?

P. I've been trying for more than an hour to ________ you, but I just couldn't ________ through. I'll tell Mr Blackman you're OK, and I'm sure he'll be ________ you shortly. He wants your weekly report!

Talk Talk Talk

(Steve's office)
S. I'm glad to hear he's OK but he could have found some way of calling me. He should have that mobile on him and either have it switched on or check the voice-mail twice a day. That's part of his contract. You see the problems we have with the sales staff, Peter!

(Steves Büro)
S. Ich freue mich zu hören, dass es ihm gut geht – aber er hätte eine Möglichkeit finden müssen, mich anzurufen. Er hätte sein Handy eingeschaltet haben müssen oder er hätte seinen Anrufbeantworter zweimal am Tag abhören sollen. Das gehört zu seinem Vertrag. Da sehen Sie mal, was wir für Probleme mit unseren Verkäufern haben, Peter!

P. I asked him to call you right away, and he said he would. That'll be him now.

P. Ich habe ihn darum gebeten, Sie umgehend anzurufen – und er sagte, er würde es sofort tun. Das müsste er sein.

S. Hello, Joe? I was just telling Peter here we're glad to hear you are OK, but you had us worried. Now what about that report? No, I can't wait until you **punch it** back **into** the system and **email** it. That'll take hours. Fax it – as soon as possible, OK? Otherwise, did you have a good week? Give me a buzz later today and tell me all about it. And find an expert to put up those cupboards – you're paid to sell our systems!

S. Hallo Joe? Ich habe Peter gerade gesagt, dass wir froh sind, dass es Ihnen gut geht, aber wir haben uns Sorgen um Sie gemacht. Was ist jetzt mit dem Bericht? Nein, ich kann nicht warten, bis Sie ihn in den Computer **gehackt** haben und **per E-Mail herüberschicken**. Das wird ja Stunden dauern. Faxen Sie ihn – so schnell wie möglich, okay? Und hatten Sie ansonsten eine gute Woche? Rufen Sie mich doch später an und erzählen Sie mir darüber. Und suchen Sie sich gefälligst einen

Fachmann, der Ihnen diese Regale aufstellt – Sie werden dafür bezahlt, unsere Systeme zu verkaufen!

Train Yourself

1. Sie fühlen sich nicht wohl und beschließen, einen Arzt zu konsultieren. **Rufen Sie Lucy an und sagen Sie ihr, dass Sie zu spät zur Arbeit kommen werden.**

Hello, Lucy. It's Peter Brückner. I've just ______________ to say I shall be slightly late because I want to go to the doctor. Can you take any ______________ for me? If any of the salesmen ______________, please ______________ them to ______________ Dave, and he'll handle things. I have my ______________ with me, so please try to ______________ me on it if I'm needed urgently.

2. Formen Sie aus unten stehenden Sätzen einen einzigen Satz, indem Sie Konjunktionen verwenden *(and, but, so, because, that etc.)*.

- I have a doctor's appointment.
- I shan't be at the office until later.
- I just called to say ...
- If there are any calls for me please take messages.

Talk Talk Talk

(Steve's office)	(Steves Büro)
S. Peter, let me now **induct** you into the very secret world of sales!	S. So Peter, jetzt werde ich Sie in die Geheimnisse des erfolgreichen Verkaufens **einführen**.
P. Secret?	P. Geheimnisse?
S. Our business is so **innovative** and **competitive** that our sales people **play their cards very close to**	S. Unsere Branche ist so **innovativ** und es **herrscht** so **ein starker Wettbewerb**, dass unsere Ver-

the chest. I have difficulty myself **winkling out** the details of their reports. Sometimes I'm on the phone for hours **clarifying** and **elaborating points**. Reaching them is also a problem, although they are supposed to be on duty practically around the clock. I'll give you a **test run** first of all. Geoff Burnes says he's **on the brink** of **sealing a** big **contract** with Metropolitan Newspapers. We're trying to **break into** the provincial newspapers with a new copy-editing software system, called Quick-Ed. Give Geoff a call – at least, try to reach him – and ask if he has anything new to report **on that front**. There's absolutely nothing about it in his weekly report.

käufer **ihre Geheimnisse für sich behalten**. Ich habe sogar selbst manchmal Probleme, die Details ihrer Berichte zu **enträtseln**. Manchmal verbringe ich am Telefon Stunden damit, bestimmte **Punkte** zu **klären** und **ausführlich auszuarbeiten**. Sie zu erreichen ist außerdem auch immer ein Problem, obwohl sie eigentlich rund um die Uhr im Dienst sein sollten. Ich werde sie erst einmal durch einen **Testlauf** schicken. Geoff Burnes sagt, dass er **kurz davor** steht, **einen Vertrag** mit Metropolitan Newspapers **abzuschließen**. Wir versuchen, mit unserem neuen redaktionellen Softwaresystem Quick-Ed **in den Markt** der provinziellen Zeitungen **vorzudringen**. Rufen Sie Geoff an – oder versuchen Sie wenigstens, ihn zu erreichen – und fragen Sie ihn, ob es **in dieser Sache** etwas Neues gibt. In seinem wöchentlichen Bericht steht absolut nichts darüber.

(Peter reports back after ten minutes)
P. I've tried his home number but he's not there. I left a message on his **answer-phone** and also on his mobile. I asked him to call back urgently.

(Peter meldet sich nach 10 Minuten zurück)
P. Ich habe versucht, ihn zu Hause zu erreichen, aber er ist scheinbar nicht da. Ich habe sowohl auf seinem **Anrufbeantworter** als auch auf seinem Handy eine Nachricht hinterlassen. Ich habe ihn gebeten, dringend zurückzurufen.

S. OK, give me a few minutes while I just clarify one or two

S. Okay, geben Sie mir ein paar Minuten, in denen ich ein oder points in this other report ...

zwei Punkte in diesem anderen Bericht klären muss ...

(Peter's office phone rings)
P. Hello, Peter Brückner here.

(Peters Telefon klingelt)
P. Hallo, Peter Brückner am Apparat.

L. Oh, Peter! I have a very **agitated** Mr Burnes on the phone. He says he's been trying **for ages** to get through to Steve, but the line is constantly engaged.

L. Oh, Peter! Ich habe hier einen sehr **aufgeregten** Mr Burnes in der Leitung. Er meint, er würde jetzt schon **seit einer Ewigkeit** versuchen, zu Steve durchzukommen, aber die Leitung wäre ständig besetzt.

P. Steve has a lot of phoning to do this morning. Could you put Mr Burnes through to me please, Lucy. Hello, Mr Burnes?

P. Steve hat heute Morgen eine Menge zu tun. Könnten Sie Mr Burnes bitte zu mir durchstellen, Lucy? Hallo, Mr Burnes?

G. Yes, can I speak to Steve Blackman?

G. Ja, könnte ich bitte mit Steve Blackman sprechen?

P. **Not right now, his line is busy.** He's asked me to contact you and ask if you have anything new to report on the possible Metropolitan Newspapers contract.

P. **Er telefoniert gerade.** Er hat mich gebeten, Kontakt zu Ihnen aufzunehmen und Sie zu fragen, ob Sie etwas Neues über den möglichen Vertrag mit Metropolitan Newspapers zu berichten haben.

G. Good Lord! I've only just knocked on the door there. **Give me a break!** Tell Steve to call me back. But he'd better **make it snappy** – I'm back **on the road** as soon as I can get myself some lunch.

G. Meine Güte! Ich habe da doch erst vorsichtig an die Tür geklopft! **Machen Sie mal halblang!** Sagen Sie Steve bitte, er soll mich zurückrufen. Aber er **sollte sich besser beeilen** – ich bin gleich wieder **unterwegs** und versuche, mir etwas zum Mittagessen zu besorgen.

Train Yourself

1. Sie sollen einen Verkäufer Ihrer Firma anrufen und ihm mitteilen, dass der Verkaufsleiter mit seiner Leistung nicht zufrieden ist. Der Verkaufsbericht ist nicht vollständig. **Wie drücken Sie sich hierbei taktvoll aber bestimmt aus?**

Hello, Mr Burnes, Mr Blackman asked me to call and tell you he's not *(pleased, totally happy, quite content, at all satisfied)* with your report. He wonders if you could *(kindly, please, immediately, right away, now, at your leisure)* take another look at it and *(improve, totally rewrite, elaborate on some of the points)*. Mr Blackman feels the report *(is not complete, has gaps, is sketchy)*. He'd like you to call him when it's ready - *(at your leisure, as soon as you can, immediately, right away, when you get the chance)*.

....

....

....

....

....

2. Sie kritisieren schriftlich einen Verkaufsbericht. **Wie drücken Sie sich dabei taktvoll aber bestimmt aus?**

After reading John Simmonds' report, I must say I am not at all *(happy, pleased, content, satisfied)* with it. He has not shown the necessary *(care, diligence, dedication)* in *(writing, constructing, penning)* it. I would like to suggest that he be *(asked, told, instructed, invited)* to rewrite it.

....

....

....

....

....

Talk Talk Talk

(Steve's office)
S. Peter could you **man** my phone for a while, please? I have to step out on an errand. I'm expecting to hear from ABC Electronics about that new accounting system of ours they're installing. I'll ask Lucy to put all my calls through to you ...

(Steves Büro)
S. Peter, könnten Sie bitte für eine Weile mein Telefon **übernehmen**? Ich muss etwas auswärts erledigen. Ich erwarte einen Anruf von ABC Electronics – es geht um unser neues Buchhaltungssystem, das bei ihnen installiert wird. Ich bitte Lucy, alle meine Anrufe zu Ihnen durchzustellen ...

(Two hours later)
P. Steve, **panic stations** at ABC! They can't install that software for **love nor money**! They sound very **irritated**. They can't read a thing on the discs and they're scared to **mess around** with it **for fear** their whole system will crash.

(Zwei Stunden später)
P. Steve, es gibt eine **Krise** bei ABC! Sie können das Software System **auf Teufel komm raus** nicht installieren! Sie klingen ziemlich **verärgert**. Sie können nichts auf den Disketten lesen und haben eine **Heidenangst**, dass ihr ganzes System zusammenbrechen wird.

S. I'll handle it. Lucy, get me ABC right away please!
Hello, ABC? Could you put me through to the Accounting Department, please! The extension is engaged? I'll hang on, but please connect me as soon as you can. This call is urgent.

S. Ich kümmere mich schon darum. Lucy, verbinden Sie mich bitte sofort mit ABC!
Hallo, ABC? Könnten Sie mich bitte mit der Buchhaltung verbinden? Die Leitung ist besetzt? Ich warte, aber bitte verbinden Sie mich so schnell wie möglich. Es ist wirklich wichtig.

ABC. You're going through to Mr Baxter now, sir.

ABC. Ich verbinde Sie jetzt mit Mr Baxter, Sir.

S. Hello, Mr Baxter? Steve Blackman here. **What seems to be the**

S. Hallo, Mr Baxter? Hier spricht Steve Blackman. **Wo liegt denn das**

problem? Shut down your system, **reboot** and try again. Still no good? Look, what exactly have you got there? Accounting 2000 ER? Good lord, that's **our** system. You've got our entire **accounting** there!
How on earth did that happen? It came in a bag with a packet of sandwiches? Wait a minute! I'll be damned! Your software is still sitting on my desk. Our courier grabbed the wrong package in his hurry to get to lunch. I'll send the right one round right away! I'll call you back to confirm it's on its way. Chip!!!

Problem? Fahren Sie ihr System herunter und **starten Sie es neu**. Es funktioniert immer noch nicht? Was für ein System haben Sie denn genau? Accounting 2000-ER? Du lieber Himmel, das ist unser System. Unsere gesamte **Buchhaltung** ist darauf gespeichert!
Wie konnte das nur passieren? Es kam in einer Tüte mit ein paar Sandwiches? Moment mal! Das gibt's doch nicht! Ihre Software liegt immer noch auf meinem Tisch. Unser Kurier muss es so eilig gehabt haben, zum Mittagessen zu kommen, dass er das falsche Paket erwischt hat. Ich schicke Ihnen das richtige sofort vorbei! Ich rufe Sie zurück, sobald es unterwegs ist. Chip!!!

L. He's gone to lunch, Steve!

L. Er ist zum Mittag gegangen, Steve!

Train Yourself

Stellen Sie aus den unten stehenden Sätzen ein Telefongespräch mit einer Kundenfirma zusammen!

(a) He's not there? Could you ask him to call me back as soon as possible, please.
(b) I just called to inquire how the new software is performing.
(c) No? Then I'll wait for Mr Baxter's call. Or perhaps I'll ring again later.
(d) Hello! ABC? Steve Blackman here. Could I speak to Mr Baxter, please?
(e) Oh, just one minute, please! Perhaps you have somebody else there who could help me with my inquiry?

False Friends

How irritating! No, »irritating« is not translated as »irritierend« in German. Irritating means »ärgerlich«. »They sound very irritated« is translated as »Sie scheinen sehr verärgert zu sein«. The German word »irritiert« is translated in English as »confused«.

Talk Talk Talk

(Steve's office)
S. Well, Peter **let's get down to it**! This is my Monday routine. What a great way to start the week! We **call up** the individual salesmen's reports and **park** them in their individual files, which are subdivided into various folders. Let's start with Smales's. He's **responsible** for the Midlands, based in Birmingham. Last week he got as far as Stratford, **following up a lead** at a new electronics company there. He called in to report he was optimistic about the chances of **a deal**, so let's read what he has to say! But first we have to complete a **log** of his movements, day by day, then **match** these with his **expense-sheet**. That then goes to Accounting. At the end of the report, the salesman has to give an **assessment** of the week's work and a forward projection, but we usually put that on **file** in our own words.

(Steves Büro)
S. Na schön, Peter. **Stürzen wir uns in die Arbeit!** Das ist mein üblicher Montags-Trott. Was für eine Art, die Woche anzufangen! Wir **rufen** die einzelnen Berichte der Verkäufer **ab** und **legen** sie in ihren individuellen Ordnern **ab**, die wiederum in einzelne Abschnitte gegliedert sind. Fangen wir mit Smales an. Er sitzt in Birmingham und ist für die Midlands **zuständig**. Letzte Woche hat er sich bis nach Stratford vorgearbeitet, um dort einem **möglichen Kontakt** zu einer neuen Elektro-Firma zu **folgen**. In seinem Bericht klang er sehr optimistisch, was die Möglichkeiten über einen **Geschäftsabschluss** anbelangt, also lesen wir mal, was er zu sagen hat! Aber zuerst mal müssen wir einen **Ablaufplan** seiner Aktivitäten anfertigen, und zwar für jeden einzelnen Tag. Und dann müssen wir ihn mit dieser **Spesenabrechnung abgleichen**. Das Ganze wandert dann zur Buchhaltung. Am Ende seines Berichtes muss jeder Verkäufer

einen **Leistungsbericht** der vergangenen Woche abliefern und einen Kommentar über die zu erwartenden Entwicklungen abgeben. Aber das tragen wir gewöhnlich mit unseren eigenen Worten in die **Akten** ein.

Train Yourself

Der Bericht von John Smales richtet sich nach seinem Wochenplan. **Können Sie aus den Einzelterminen einen vollständigen Bericht machen?**

Monday: Birmingham. Call Texo. No reply. Try again tomorrow. PM: Cranford Foods, 2 PM. Contract changes good. Call again Friday.
Tuesday: AM Stratford. Taylor Electronics. Meeting set for Friday. Lunch: Stratford News Editor. Describe new copy-editing software. Interested! PM Back to Birmingham, call at phone company on way.
Weds. AM Dentist appointment! PM Met Birmingham Chamber of Commerce and Trade. Describe company objectives.
Thurs: AM Drive to Stratford for early start Fri.
Friday: Call Cranford Foods first thing - call again next Mon. 10 AM meeting with Taylor Electronics - full board! Prospects must be good!

....

....

....

Talk Talk Talk

(Melissa enters office)
M. Morning Steve, good morning Peter!

(Melissa betritt das Büro)
M. Guten Morgen Steve, guten Morgen, Peter!

S. My, you certainly seem to have had a fine weekend!

S. Meine Güte, Sie sehen aus, als hätten Sie ein großartiges Wochenende gehabt!

M. Not at all, nothing but work.

M. Ganz und gar nicht. Arbeit, nichts als Arbeit.

S. You're taking work home with you?

S. Sie nehmen Arbeit mit nach Hause?

M. It's already there waiting for me. Look, I can't stand around here making polite conversation. I need to know if your people have made any progress with that new copy-editing software.

M. Nein, sie wartet da schon auf mich. Okay, ich kann hier leider nicht nur herumstehen und ein Schwätzchen halten. Ich muss wissen, ob Sie Fortschritte mit der neuen Redaktions-Software gemacht haben.

S. Peter can tell you more **on that score**. He's just spoken to the man responsible for the contract, Burnes. Burnes called me last week to say he was confident of getting the contract, but he didn't sound so optimistic when Peter contacted him this morning.

S. Peter kann Ihnen mehr **über dieses Thema** erzählen. Er hat gerade mit dem Mann gesprochen, der für diesen Vertrag verantwortlich ist, mit Burnes. Burnes hat letzte Woche mit mir telefoniert, um mir zu sagen, dass er zuversichtlich sei, den Vertrag unter Dach und Fach zu bringen – aber er klang nicht mehr so optimistisch, als Peter heute Morgen mit ihm gesprochen hat.

P. He was actually **very short** on the phone. He sounded really under pressure.

P. Er war streng genommen sogar **ziemlich kurz angebunden**. Er klang, als würde er unter Druck stehen.

M. I'm not surprised! We're not the only company pushing new forms of this product. But if we can **get a lead** on the others we have a **head-start** in the market. **Keep me posted** on this one. If we

M. Das wundert mich nicht! Wir sind nicht die einzige Firma, die versucht, neue Versionen dieses Produkts auf den Markt zu bringen. Aber wenn wir es schaffen, den anderen ein wenig **voraus zu sein**,

score a hit I'd like to include the product in our new **promotion**.

können wir uns auf dem Markt einen **Vorsprung** verschaffen. **Halten Sie mich** über diese Sache **auf dem Laufenden**. Wenn wir **einen Erfolg verbuchen** können, würde ich dieses Produkt gern in unsere neue **Kampagne** aufnehmen.

S. Of course, I'll call you right away. But don't keep your hopes too high.

S. Natürlich, ich sage Ihnen sofort Bescheid. Aber machen Sie sich nicht zu viel Hoffnungen.

Train Yourself

Vervollständigen Sie dieses Telefongespräch:

M. Hello, Mr Burnes. I'm ______________ after a meeting today with the Sales Department Chief. I'd like to clarify the state of the Metropolitan Newspapers negotiations. Mr Blackman said you ______________ him last week and that you were confident. But when Mr Brückner ______________ you today he said you didn't sound so confident.

B. When I ______________ to Blackman last week I ______________ just ______________ to the Chairman of Metropolitan Newspapers. The talks went very well, and I believe I shall be able to ______________ you next week with good news. I was under pressure when Mr Brückner ______________ this morning. Can you give him my apologies and tell him I shall ______________ back later today.

Do's and Don'ts

Do insist on clarity in all telephone business dealings, and don't allow pressure to lead you into giving the wrong impression. Before making your call make a list on a notepad of all important points you have to discuss. Tackle them one by one, carefully noting the replies for reference. Following the conversation, write an immediate report on the exchange with the other party and if necessary, for complete clarity, formulate it as a business letter. If you record the conversation you should inform the other party before operating the tape recorder.

Talk Talk Talk

(Steve's office)

S. Now, Peter, if Melissa will allow us to get on with our work, I'll show you how we put the Department's own weekly report together.

(Steves Büro)

S. So, Peter, wenn Melissa uns jetzt wieder an unsere Arbeit lässt, werde ich Ihnen zeigen, wie wir den Wochenreport unserer eigenen Abteilung zusammenstellen.

P. That would really interest me. I don't know how you can **keep track of** what half a dozen salespeople out there in the field are up to.

P. Das würde mich wirklich interessieren. Ich habe keine Ahnung, wie man den **Überblick darüber behält**, was ein halbes Dutzend Vertreter im Außendienst so treiben.

S. There are plans to **update** the computer program we use to make it more **user-friendly**. Now, since we've actually spoken to Burnes this morning on the phone his report will be the most up to date. We go through it day by day, checking that every contact, every **lead** has been correctly **followed up**.

S. Es gibt Überlegungen, die Computerprogramme so **upzudaten**, dass sie etwas **benutzerfreundlicher** werden. Da wir ja heute Morgen mit Burnes telefoniert haben, wird sein Bericht sicher am aktuellsten sein. Wir werden ihn Tag für Tag durchsehen und aufpassen, dass jeder Vertrag korrekt ist und **jeder Ansatz** angemessen **weiterverfolgt wurde**.

Train Yourself

Sie sollen Burnes anrufen um einige Punkte seines Berichts zu überprüfen. **Wie führen Sie dieses Gespräch?**

______, Mr Burnes. ______ Peter Brückner here. I ______ you to elaborate on some of the points in your report. Take notes if you like and then ______ me back later. I find it quicker to do this kind of thing ______ the phone. ______ you please tell me ______ company you visited on Tuesday. Did you ______ beforehand? Did they ask you to ______ personally or were they happy to do business initially ______ phone? Did you ______ them back?

Background Information

A German newspaper reported that the typical **English businessman-look** (dark suit, white shirt, laced-up black shoes) is on the way out. Again, the high-tech boom is responsible. The arrival of successful young **»dot.com» entrepreneurs** (see below) in central London has brought with it a tolerance of much more casual office-wear - jeans, teeshirts and trainers are acceptable even at board meetings. The »old guard« bemoan the passing of another British tradition - and with it a slice of English individuality. Even though the English businessman-look has a drab uniformity at first glance, closer inspection discloses flashes of individuality - ties and socks (both silk, please!) are chosen with as much care as their wives devote to selecting a new outfit.

»Dot.com« or ».com« is a late addition to the English language, another product of the hi-tech boom. It's used as an adjective – as in »dot.com millionaire« or »dot.com business« – to describe anybody or anything having to do with high-tech.

Talk Talk Talk

(Steve Blackman's phone rings)
S. Hello, Blackman here!

(Steve Blackmans Telefon klingelt)
S. Ja, Blackman?

A. Mr Blackman. Accounting here! Arthur Smith speaking! There's an irregularity here in last week's **expenses return** by Jim Ives. Have you got a minute – or are you otherwise engaged?

A. Mr Blackman. Arthur Smith von der Buchhaltung! Es gibt eine Abweichung in der **Spesenabrechnung** von Jim Ives aus der letzten Woche. Haben Sie eine Minute Zeit – oder sind Sie gerade zu beschäftigt?

S. Can you send Ives's file up? I'll look through it and then call you

S. Können Sie Ives Unterlagen einfach heraufschicken? Ich sehe sie back. Perhaps I overlooked something.

mir an und rufe Sie dann zurück. Vielleicht habe ich einfach etwas übersehen.

A. Fine, but can we clear this up today, before you send down last week's returns? We're pretty **inundated** down here – Miss Sykes is down with the flu. I don't have a soul to answer the phone, and it's been ringing all day.

A. Gern, aber könnten wir das heute noch klären, bevor Sie die Abrechnungen der letzten Woche herunterschicken? Wir **ertrinken** hier unten **in Arbeit** – Miss Sykes liegt mit der Grippe im Bett. Ich habe hier keine Menschenseele, die ans Telefon gehen kann, und es klingelt den ganzen Tag.

(There's a knock at the door and Chip enters cautiously)

(Es klopft an der Tür und Chip tritt vorsichtig ein)

S. Well, hello Chip! Smith, you can borrow Chip if you like. He's got nothing to do apart from his sandwich round.

S. Na so was, Hallo Chip! Smith, wenn Sie möchten, können Sie sich unseren Chip ausleihen. Er hat eh nichts zu tun – außer Sandwiches durch die Gegend zu fahren.

A. Oh, God, no! But wait a minute, has he really got nothing to do?

A. Oh Gott, bitte nicht! Aber warten Sie – hat er wirklich nichts zu tun?

S. Well, he's just standing around. Wait a sec – I'll put this on **loudspeaker** ...

S. Na ja, er steht nur herum. Sekunde bitte – ich schalte den **Lautsprecher** ein ...

A. Do you think he could run an **errand** for us?

A. Meinen Sie, er könnte einen **Botengang** für uns erledigen?

S. Chip?
C. Sure.
A. Could he run down to the pizzeria on the corner and bring us back an order? I've been trying for the last

S. Chip?
C. Klar.
A. Könnte er vielleicht schnell zur Pizzeria um die Ecke laufen und uns etwas zu Essen bringen? Ich versu-

half-an-hour to call them to place an order but they're just not answering ...	che jetzt schon eine halbe Stunde, dort etwas zu bestellen, aber es geht einfach niemand ans Telefon ...
S. Pizzas? Sandwiches are Chip's specialty – and that's just what I want to talk to you about now, Chip ...	S. Pizzas? Na, eigentlich sind ja Sandwiches Chips Spezialität – und genau darüber würde ich mit dir jetzt noch ein Wörtchen reden, Chip ...

Train Yourself

1. Was können Sie mit diesem Chaos anfangen?

Hello, __________ the Ergon Media Company? No? __________ to? __________ to whom? Pronto Pizza? But I __________ the Ergon Media Company. What __________ do you have? Well, that's the number I __________. At least, that's the __________ I always __________ the Ergon Media Company on. I'll __________ up and __________ again. (After trying repeatedly) Damn, now I can't __________ at all. The __________ is always __________, Lucy. Lucy? Where is the woman? (Chip calls out from the office) She's __________ the phone, ordering pizza. Want one?

2. Multiple choice
Wählen Sie das richtige Wort.

a. Could you call the shop and give this order __________ the phone *(on, with, over)*.
b. He's just come __________ the phone, so he's ready to see you now *(off, from, away from)*.
c. If you can't contact me today __________ phone you'll have to leave a message with my secretary *(per, via, with the, by, through the)*.
d. He's been __________ the phone for hours, I can't think what he's __________ about *(with, over, on, addressing) (speaking, thinking, talking)*.

Talk Talk Talk

(Steve's office)
S. Well, there you have had an **object lesson**, Peter, in the frustrations of an average day in the Sales Department. (Phone rings) And here's another coming up ... Hello, Steve Blackman here. Can I help you? Mr Tomkins? Mr Tomkins of Arco? **What can I do for you?**

(Steves Büro)
S. Tja, Peter – das war ein erster **praktischer Anschauungsunterricht** darüber, wie frustrierend ein typischer Tag in der Verkaufsabteilung sein kann. (Das Telefon klingelt) Und da kommt schon das nächste Problem ... Hallo, hier Steve Blackman. Kann ich Ihnen helfen? Mr Tomkins? Mr Tomkins von Arco? **Was kann ich für Sie tun?**

T. Your man in Sheffield promised to give me a call by the end of last week to **confirm the price and conditions** of the Accounting 2000 package. I haven't heard a thing from him.

T. Ihr Mann in Sheffield hat mir versprochen, bis zum Ende letzter Woche zurückzurufen, um mir **den Preis und die Lieferbedingungen** für das Accounting 2000-Softwarepaket **zu bestätigen**. Ich habe noch kein Wort von ihm gehört.

S. Ferguson? He's normally very **reliable**. I'll try to reach him myself and get him to call you right away. Are you there all day?

S. Ferguson? Er ist normalerweise ziemlich **verlässlich**. Ich versuche, ihn selbst zu erreichen und sage ihm, dass er Sie sofort zurückrufen soll. Sind Sie den ganzen Tag im Büro erreichbar?

T. I'll be **around**. If I'm not in the office tell him to **leave a message** with my secretary and I'll call him back. But I've so much going on at the moment that I expect to spend most of the morning on the phone, anyway. I just hope he catches me

T. Ja, ich werde **da sein**. Sagen Sie ihm, falls ich nicht da sein sollte, soll er doch meiner Sekretärin **eine Nachricht hinterlassen** und ich rufe zurück. Aber hier ist gerade so viel zu tun, dass ich vermutlich ohnehin den größten Teil des Vormittags am

in a moment when I'm off the phone.

Telefon verbringen werde. Ich hoffe nur, er erreicht mich, wenn ich gerade nicht spreche.

S. If I manage to get him on the phone right now I'll get him to call you immediately, so I hope you'll be hearing from him in a minute or two.

S. Wenn ich ihn sofort am Telefon erwische, sage ich ihm, dass er sie gleich zurückrufen soll. Ich hoffe also, dass Sie in den nächsten ein oder zwei Minuten von ihm hören.

S. Lucy, can you get me Ferguson, please? Or, at least, try to reach him - either at home or on his mobile.

S. Lucy, können Sie mich bitte mit Ferguson verbinden? Oder versuchen Sie wenigstens, ihn zu erreichen – entweder zu Hause oder über sein Handy.

L. His home number is busy. **He's on the phone.** Shall I wait until **he's off**, or shall I try the mobile?

L. Seine Privatnummer ist besetzt. Also **telefoniert er gerade**. Soll ich warten, bis **er aufgelegt hat** oder es auf dem Handy versuchen?

S. Get him on the mobile. I have to speak to him right away! Stan? I've had Arco on the phone **complaining** that you had promised them an Accounting 2000 package price last week. They're still waiting for your call.

S. Holen Sie ihn ans Handy. Ich muss sofort mit ihm sprechen! Stan? Ich hatte gerade Arco am Telefon – sie haben sich **beschwert**, dass Sie ihnen schon letzte Woche ein Paketpreis für unser Accounting 2000 machen wollten. Sie warten immer noch auf Ihren Anruf.

F. What are they talking about? I called them last Thursday and told them the cost and explained conditions of sale and so on. They'll get it all in writing, but at least they got it over the phone.

F. Von was reden die eigentlich? Ich habe sie letzten Donnerstag angerufen, ihnen den Preis gegeben, die Lieferbedingungen erklärt und so weiter. Sie kriegen das natürlich alles noch einmal schriftlich, aber telefonisch habe ich ihnen bereits alles mitgeteilt.

S. I'll get back to you on this one. Let me first call Arco. There seems to have been a **misunderstanding** here. But can you let them have what they want in writing as soon as possible?

S. Ich rufe Sie deshalb noch einmal zurück. Aber lassen Sie mich zuerst noch mal bei Arco anrufen. Da scheint es wohl ein **Missverständnis** gegeben zu haben. Aber könnten Sie denen trotzdem alle Daten so schnell wie möglich schriftlich geben?

F. Sure. No problem. They'll have it today by fax.

F. Natürlich, kein Problem. Sie bekommen es heute per Fax.

S. Lucy, be a dear and get me Mr Tomkins at Arco again. I've got something very important to clear up here. What, no reply? Then just keep trying please. God, what an **outfit**!

S. Lucy, seien Sie doch bitte so gut und holen Sie mir noch einmal Mr Tomkins von Arco an den Apparat. Ich muss hier etwas sehr Wichtiges klären. Was, es geht niemand dran? Dann versuchen Sie es bitte weiter. Gott, was für ein **Saftladen**!

Train Yourself

Es gibt ein Missverständnis mit einem Kunden. **Wie verläuft das Gespräch?**

Hello, Arco? Could I ____________ to Mr Tomkins, please. Mr Tomkins, it's Jeffreys ____________. I ____________ if I ____________ trouble you with a small problem. Your office has just ____________ to ____________ that it is still waiting for word on the price of the system Arco are interested in. I ____________ several days ago, and although your phone was constantly ____________ I spoke to one of the clerks and ____________ him to ____________ you a message. Didn't you ____________ it? No, then I'll dig the information out again and ____________ you back. Oh, please don't ____________ up. Keep me on the ____________. I have to ____________ your accounting department.

Background Information

»He's on the phone« can mean either that the person referred to has a phone, possesses one, or that he is at that moment speaking on the phone. »She's off the phone« has only the meaning »she is no longer talking on the phone«.

Talk Talk Talk

(Steve's office)
S. OK, Peter, that's just the **regional sales operation**. Don't forget we're here in London.

(Steves Büro)
S. Okay, Peter, das waren nur die **Außenstellen unserer Verkaufsabteilung**. Vergessen Sie nicht, dass wir hier in London sind.

P. So how do you handle things in London? I haven't seen a single representative here in the office. Do you just **phone around**?

P. Und wie funktioniert das Ganze in London? Ich habe hier im Büro noch keinen einzigen Vertreter gesehen. **Telefonieren** Sie **einfach so herum**?

S. **Cold-calling by phone?** Now that's one of your German jokes, I suppose! But you're right, we don't have any sales staff here at head office. There's no way we can cover London on a conventional basis. We **franchise** some of the most profitable business and put the rest in the hands of specific agencies.

S. **Blindakquisition übers Telefon?** Das muss wohl deutscher Humor gewesen sein! Aber Sie haben Recht, wir haben hier im Büro kein Verkaufspersonal. Es gibt keine Möglichkeit, London mit konventionellen Methoden zu betreuen. Wir **vergeben Lizenzen** für die profitabelsten Geschäftsbereiche und übertragen den Rest an spezielle Agenturen.

P. How does that work?

P. Und wie funktioniert das?

S. In the case of our more successful lines – Accounting 2000, for example – we can **demand a franchise contract which guarantees us income**. Newer **lines** we have to push first of all through specialist agencies – but Melissa will be telling you more about that side of things. I'm meeting one of our **franchise-holders** for lunch. He called while you were busy with the files. I'll call him back and say there'll be two of us – three if Melissa wants to come.

S. Im Fall unserer erfolgreicheren Produkte – zum Beispiel Accounting 2000 – **fordern wir einen Lizenzvertrag, der uns einen bestimmten Gewinn garantiert**. Unsere neueren **Produktreihen** müssen wir zuerst über spezialisierte Agenturen auf den Markt bringen – aber Melissa wird Ihnen über diesen Aspekt des Geschäfts sicher noch mehr erzählen. Ich treffe mich mit einem unserer **Lizenznehmer** zum Mittagessen. Er hat angerufen, während Sie gerade mit den Akten beschäftigt waren. Ich rufe ihn einfach noch einmal an und sage ihm, dass wir zu zweit sein werden – drei, falls Melissa mitkommen möchte.

P. Now that would be nice – I **wonder** if she'll accept an invitation ...

P. Das wäre ja mal nett – **ich frage mich,** ob sie eine Einladung annehmen würde ...

Train Yourself

Man bittet Sie in einem Restaurant anzurufen und einen Tisch für ein Geschäftsessen zu reservieren. **Wie drücken Sie Ihre Vorstellungen am besten aus?**

Hello, is that Marco's Restaurant? I ________ to reserve a table for four. We have business to discuss, so ________ please give us a table in a quiet corner? I ________ most grateful if you ________ manage that for me. Shall I ________ to confirm? At what time ________ we arrive? ________ the table ________ free at that time? I'd better ________ to make sure everything is all right – this is an important lunch for us!

Background Information

Cold-calling: Cold calling is a very expressive term used in sales and marketing to describe the practice of selecting numbers at random from the telephone directory and calling »cold«, without prior introduction. It's a particularly widespread practice in market research, where a cross-section of the public is contacted at random by telephone and asked to offer opinions or preferences. In sales strategy, specific sections of the market are selected and then contacted by telephone.

False Friends

»I wonder« can't be translated in German by »Ich wundere mich«. It has the meaning of »Ich frage mich, ob ...« The German »sich wundern« translates as »surprised« or »amazed«. So »Ich wundere mich» becomes »I am surprised« or even »I am amazed«.

Talk Talk Talk

(Marco's Restaurant)
Marco, the restaurant manager:
Hello, Mr Blackman. I'm very pleased to see you again.

(Marcos Restaurant)
Marco, der Restaurant-Manager:
Guten Tag, Mr Blackman. Ich freue mich, Sie wieder zu sehen.

S. Hello, Marco. This is a new colleague, Mr Brückner, from Germany. You'll undoubtedly be seeing more of him.

S. Hallo Marco. Das ist ein neuer Kollege von mir, Mr Brückner, aus Deutschland. Sie werden ihn zweifellos noch öfters sehen.

M. How do you do, Mr Brückner? Welcome to Marco's. I hope you enjoy your visit! Mr Blackman, Miss Walker and your guest have already arrived and are at the bar. Let me take you to them.

M. Wie geht es Ihnen, Mr Brückner? Willkommen im »Marco's«. Ich hoffe, es wird Ihnen hier gefallen! Mr Blackman, Miss Walker und Ihr Gast sind bereits da und warten an der Bar. Ich werde Sie zu ihnen führen.

S. Don't bother, Marco. I know my way. We'll just have a quick aperitif and then place our order.

S. Machen Sie sich keine Umstände, Marco. Ich kenne den Weg. Wir werden uns nur einen kleinen Aperitif gönnen und dann unser Essen bestellen.

M. Hello, Steve. Hello, Peter. You're late, both of you! Mr Davis was even here before me.

M. Hallo, Steve. Hallo, Peter! Sie beide kommen aber reichlich spät! Mr Davis war sogar schon vor mir hier.

D. Don't worry! I think my secretary got the time wrong when you called. I did try to contact you but couldn't get through.

D. Keine Sorge! Ich glaube, meine Sekretärin hat sich nach Ihrem Anruf eine falsche Zeit notiert. Ich habe versucht, noch einmal anzurufen, aber ich kam nicht durch.

S. Davis, I'd like you to meet our new colleague, Peter Brückner. He's joined us from Germany.

S. Davis, ich würde Ihnen gerne unseren neuen Kollegen vorstellen, Peter Brückner. Er ist aus Deutschland zu uns gestoßen.

D. Germany! How do you do? How did Blackman here persuade you to swap Germany for grey London?

D. Aus Deutschland! Wie geht es Ihnen? Wie hat Blackman es geschafft, Sie aus Deutschland in unser graues London zu locken?

S. We persuaded him that the beer is better here. **By the way, mine's a** martini – stirred, not shaken!

S. Wir haben Ihn davon überzeugt, dass das Bier hier besser ist. **Übrigens, ich nehme** einen Martini – gerührt, nicht geschüttelt!

Background Information

Despite the casual nature of business dealings in Britain, you'll still hear just the surname being used in even mutual social dealings – and particularly between employees of rival firms. Don't take it as a sign of unfriendliness – it's said to be a throwback to English school tradition, where pupils are almost invariably addressed just by their surname. In fact, the surname can indicate a degree of intimacy which isn't necessarily expressed by the first name alone – and certainly not by the use of a »Mr« title. It's a further example of the subtle structure of English social behaviour. Avoid it until you're *really* part of the English scene!

Mine's a ... Like the use of just the surname, this way of ordering at the bar of a restaurant or a pub isn't as unfriendly or as rude as it sounds. In fact, it's often used among friends and colleagues. But avoid it until you really feel at home with the language!

Vocabulary

accounting	Buchhaltung
assessment	Leistungsbericht
to be off the phone	aufgelegt haben, nicht sprechen
to be on the phone	gerade telefonieren
to break into	in den Markt vordringen
to call up sth.	etw. abrufen
cold-calling	Blindakquisition
competitive	wettbewerbsorientiert, konkurrenzfähig
to complain	sich beschweren
to confirm price and conditions	Preis und Lieferbedingungen bestätigen
to cover (a territory)	für (ein Gebiet) zuständig sein
deal	Geschäftsabschluss
Department of Social Security	Sozialversicherungsamt
to elaborate points	Punkte ausarbeiten

to email sth.	etw. per E-Mail schicken
errand	Botengang
expense sheet/expenses return	Spesenabrechnung
file (on s. o.)	Akte (über jdn.)
to follow up a lead	an einer Sache dranbleiben; eine Möglichkeit verfolgen
form	Formular
franchise contract	Lizenzvertrag
franchise holder	Lizenznehmer
to franchise	Lizenzen vergeben
to get down to sth. right away	sich sofort um etw. kümmern
to have a head-start	einen Vorsprung haben
to induct into sth.	einführen in etw.
innovative	innovativ
to keep sb. posted	jdn. auf dem Laufenden halten
to keep track of sth.	den Überblick behalten
to leave a message	eine Nachricht hinterlassen
log	Ablaufplan
loudspeaker	Lautsprecher/Mithörtaste
to man sb.'s phone	jds. Telefon übernehmen
panic stations	Krise
to phone around	herumtelefonieren
product line	Produktreihe
progress report	Erfolgsbericht
to punch sth. into	etw. einhacken
to put sth. on file	etw. in die Akten eintragen
to reboot	neu starten (PC)
regional operation	Außenstelle
to score a hit	einen Erfolg verbuchen
to seal a contract	einen Vertrag abschließen
to shut down	herunterfahren (PC)
social security number	Sozialversicherungsnummer
telephone company/people	Telefongesellschaft
test run	Testlauf
top salesman	Spitzenverkäufer
to track sb. down	jdn. aufspüren
user-friendly	benutzerfreundlich
umpteen	zig
to wake it snappy	sich beeilen

In Marketing
In der Marketing-Abteilung

Here we go

Nachdem sich Peter in der Verkaufsabteilung einen Überblick verschafft hat, wird er nunmehr als Assistent in Melissa Walkers Marketingabteilung geschickt. Melissa trifft gerade die Vorbereitungen für die bevorstehende große Computermesse und Peters Beitrag zu diesem Projekt umfasst unter anderem natürlich auch jede Menge Telefongespräche ...

Talk Talk Talk

(Marco's Restaurant)
M. Well, Peter, from Monday you're with me in Marketing.

(Marcos Restaurant)
M. Tja, Peter, von Montag an arbeiten Sie mit mir in der Marketing-Abteilung zusammen.

S. Lucky chap!

S. Sie Glückspilz!

M. He'll probably learn more from me than from you, my dear Steve. Peter, I hope you're now totally **at home** on the phone - we have a lot of phoning around to do next week.

M. Er wird von mir wahrscheinlich mehr als von Ihnen lernen, mein lieber Steve. Peter, ich hoffe, Sie sind mittlerweile mit dem Telefon **vertraut** – wir werden nächste Woche eine Menge herumtelefonieren müssen.

P. I seem to have spent most of my time so far on the phone!

P. Ich habe das Gefühl, bis jetzt sowieso die meiste Zeit nur am Telefon verbracht zu haben!

M. **We're preparing for the big computer fair** in the autumn. I'll

M. **Wir treffen alle Vorbereitungen für die große Computermesse** im want to speak to you about that, Mr Davis. Perhaps now's not the time – can I give you a call on Monday morning?

Herbst. Darüber wollte ich auch mit Ihnen sprechen, Mr Davis. Aber vielleicht ist jetzt nicht der richtige Zeitpunkt dafür – kann ich Sie am Montagmorgen anrufen?

D. Certainly.

D. Aber sicher.

S. Davis is all mine today! I'd like to clear up those points in the **franchise** contract you're not happy with. You told me on the phone you are a bit doubtful about one or two clauses.
Davis, since I called I've read more carefully through them and I don't think there's much of a problem.

S. Heute gehört Davis nur mir! Ich würde gerne die Details in dem **Franchise**-Vertrag klären, mit denen Sie noch nicht einverstanden sind. Sie haben mir am Telefon ja schon gesagt, dass Sie wegen ein oder zwei Paragraphen des Vertrages so Ihre Zweifel haben.
Davis, nachdem ich Sie angerufen hatte, habe ich sie noch einmal sorgfältig durchgelesen, und ich glaube nicht mehr, dass es da ein Problem geben wird.

S. Good, well let's order – and then **down to orders**!

S. Gut, lassen Sie uns bestellen – und dann **kommen wir zum Geschäftlichen**!

Train Yourself

1. Steve Blackman unterhält eine Besprechung mit einem Kunden, dessen Englisch alles andere als korrekt ist. **Können Sie es für ihn korrigieren?**

Mr Blackman, I want speak this contract. It no good – makes me very unhappy. Paragraphs I not understand are one, three and six – what they mean? When I ring you yesterday, you say no problem – but when I do same today you speak not so happy. You say commission on whole order fifteen per hundred, but contract speak ten per hundred. Why this? I like call my office with answer – they waiting for my ring this afternoon. Can I get before then?

....

....

....

2. Geben Sie die korrekte Komparativform an und füllen Sie die Lücken!

It is (easy) ______ to ______ a number from home than from a telephone-box.

It is (complicated) ______ to ______ through on this phone.

Could you please speak (loud) ______. The ______ is very bad.

Please ______ the line. Mr Jones won't be much (long) ______.

You've ______ me off. It's even (difficult) ______ to ______ out from this phone than from the other.

Could you please make sure your ______ is (short) ______ than yesterday's – it's (expensive) ______ to ______ America from Britain than from Germany.

Talk Talk Talk

(Melissa's office) P. Good morning, Melissa. How are you today?	(Melissas Büro) P. Guten Morgen, Melissa. Wie geht es Ihnen?
M. Fine, thanks, Peter. And you?	M. Sehr gut, danke, Peter. Und Ihnen?
P. I can't complain, although I was out with Steve again last night.	P. Ich kann nicht klagen, obwohl ich gestern Abend wieder mit Steve unterwegs war.
M. I sometimes think Steve has his main office in the pub. I'm afraid	M. Manchmal glaube ich wirklich, Steve hat sein wahres Büro in

this week will be much less exciting for you!

einem Pub. Ich fürchte, diese Woche wird längst nicht so aufregend für Sie werden!

P. Oh, I don't know – marketing sounds very interesting.

P. Oh, ich weiß nicht – Marketing hört sich sehr interessant an.

M. Can be - but there's a lot of **slog**. As I told you, we're preparing for the big autumn fair, and the **work-load** is increasing daily.

M. Ja, das kann es sein – aber es gehört auch viel **Schufterei** dazu. Wie ich Ihnen schon sagte, bereiten wir uns auf die große Herbstmesse vor und das **Arbeitspensum** steigt von Tag zu Tag.

P. What can I do to help?

P. Wie kann ich helfen?

M. I'm going to assign you Angela and ask you both to draw up a **press release** on ERGO **operations** – a **company profile**, that kind of thing. And I'd like you to organize a **press conference** at the Press Club and draw up a **hand-out** to be distributed there.

M. Ich werde Sie Angela zuteilen und Sie beide bitten, eine **Pressemitteilung** über die **Geschäftsaktivitäten** von ERGO zu entwerfen – ein **Geschäftsprofil**, etwas in dieser Art. Und ich hätte gerne, dass Sie im *Press Club* eine **Pressekonferenz** organisieren und ein **Informationsblatt** entwerfen, das wir dort verteilen können.

P. Oh dear, I've no experience of dealing with the press. And who's Angela?

P. Oh weh, ich habe überhaupt keine Erfahrung im Umgang mit der Presse. Und wer ist Angela?

M. She's been on holiday so you didn't get a chance to meet her until now. She joined us from Five Star magazine group, so when it comes to handling the press she's **tops** – she'll tell you what she wants done. She'll be spending

M. Sie war bis jetzt im Urlaub, also hatten Sie noch keine Gelegenheit, sie kennen zu lernen. Sie ist von der *Five Star Magazin*-Gruppe zu uns gestoßen – wenn es also darum geht, mit der Presse klar zu kommen, ist sie **unschlagbar**. Sie

most of her time on the phone, so you can help out there.

wird Ihnen schon sagen, was Sie für sie tun müssen. Angela wird wohl die meiste Zeit am Telefon verbringen, also können Sie ihr dabei aushelfen.

P. Well, I've now got a lot of telephone experience - just put me **by a phone**, **wind me up** and I go to work!

P. Tja, ich habe mittlerweile schon eine Menge Erfahrung mit dem Telefon – setzen Sie mich einfach **an ein Telefon**, **weisen Sie mich ein** und ich fange an zu arbeiten!

M. Fine, well, come and meet Angela ...

M. Sehr schön. Kommen Sie, ich stelle Ihnen Angela vor ...

Train Yourself

Sie wurden angewiesen, einen Vertreter der lokalen Zeitung zu einer Pressekonferenz einzuladen. **Wie sieht dieses Gespräch aus?**

Hello, is that the Southwark Advertiser? Could you ________ me ________ to the News Department, please. The number's ________? I'll ________ but please ________ me as soon as possible. Thank you. News Department? Could I ________ to the News Editor, please? His line is ________? I'll ________ if that's all right. Thank you. Hello, is that the News Editor? I would like to ________ a representative of your newspaper to a press conference at the Press Club next Friday at 11 AM. You'll ________ me ________ to the Business Correspondent right now? That's very kind! Hello, ________ the Business Correspondent? Ergo Limited here. We would like to ________ you to a press conference next Friday. The first part, starting at 11 AM, will be a general background briefing ________ record, where we will be distributing a press ________. I can send you a general press ________ right now, by fax. It contains all the relevant details. Can you ________ me your fax ________? You'll be ________ from us right away.

Background Information

A press release is a written communication sent to newspapers and the media. A press hand-out is also a written communication, usually »handed out« at a press conference or press »briefing«. Businesses often use a release or a hand-out to communicate »background information« to the press. At international conferences, »off-the-record« briefings are often given to the press, meaning the sources of the information may not be quoted – the subject of the briefing is for »background information« only.

Talk Talk Talk

(Melissa's office)	(Melissas Büro)
M. Angela, I'd like you to meet Mr Peter Brückner, who has joined us from Germany.	M. Angela, ich würde Ihnen gerne Mr Peter Brückner vorstellen, der aus Deutschland zu uns gekommen ist.
A. How do you do? I had heard we were expecting a **colleague** from Germany. I'm very pleased to meet you. I do hope you enjoy your time with us and also your stay in England.	A. Wie geht es Ihnen? Ich habe schon gehört, dass wir einen neuen **Kollegen** aus Deutschland bekommen. Freut mich sehr, Sie kennen zu lernen. Ich hoffe, es gefällt Ihnen hier bei uns und in England.
P. How do you do? **The pleasure's all mine.** I'm enjoying my time here so much that I fear I won't want to return to Germany!	P. Wie geht es Ihnen? **Das Vergnügen ist ganz auf meiner Seite**. Ich fühle mich hier so wohl, dass ich fürchte, gar nicht mehr nach Deutschland zurück zu wollen!
M. You're obviously **settling in** very well!	M. Sie haben sich offensichtlich schon sehr gut **eingewöhnt**!
P. (to Angela) I gather we shall be working together.	P. (zu Angela) Soweit ich weiß, sollen wir zusammenarbeiten.

A. Yes, indeed – and we have a lot to do.

A. Ja, in der Tat – und es gibt eine Menge zu tun.

P. A lot of telephoning, I've been warned already. Although I'm **quite a hand** now on the phone.

P. Eine Menge Telefoniererei, ich wurde bereits vorgewarnt. Allerdings habe ich jetzt mit dem Telefon **einige Erfahrung**.

A. Well, we'll see! Melissa will have told you that we are busy preparing for the autumn trade fair. As a **run-up** to that we want to publicize the company at a **press conference**.
I thought you could take that over.

A. Na, wir werden sehen! Melissa hat Ihnen wahrscheinlich schon erzählt, dass wir gerade voll damit beschäftigt sind, die Herbstmesse vorzubereiten. Als einen **ersten Schritt** dazu wollen wir die Firma auf einer **Pressekonferenz** vorstellen. Ich dachte, das könnten Sie vielleicht übernehmen.

P. What's involved?

P. Was gehört alles dazu?

A. Basically, making sure every newspaper of the region is there.

A. Im Wesentlichen, dafür zu sorgen, dass jede Zeitung der Region teilnimmt.

P. **Invitations**?

P. **Einladungen**?

A. Yes, but **to make doubly certain**, we **make a practice of following up** the invitations and press releases with either **personal calls or phone calls**. Obviously, it's difficult to visit all these newspapers personally – hence all the phone calls I referred to.

A. Ja, aber **um auf Nummer sicher zu gehen**, haben wir es uns **zur Regel gemacht**, nach den Einladungen und den Pressemitteilungen noch einmal mit **persönlichen Besuchen oder Anrufen nachzuhaken**. Natürlich ist es schwierig, bei diesen ganzen Zeitungen persönlich vorbeizuschauen – deshalb diese ganzen Telefonanrufe, die ich Ihnen zugeteilt habe.

P. Who do we have to call?

A. We start in the **News Department** and **take it from there**. We try to get straight through to the **editor**, but we're lucky if we do. We usually have to try through his secretary or the News Editor. I warn you, you'll be hanging on that phone a great deal, being shunted from one number to another.

P. Wen müssen wir alles anrufen?

A. Wir fangen in der **Nachrichtenredaktion** an und **arbeiten uns von da aus weiter**. Wir versuchen zwar immer, direkt bis zum **Redakteur** durchzukommen, aber dazu gehört schon viel Glück. Wir müssen es gewöhnlich über seine Sekretärin oder seinen Nachrichtenredakteur versuchen. Ich warne Sie, Sie werden viel Zeit am Telefon verbringen und sich von einer Nummer zur nächsten abschieben lassen.

Train Yourself

Sie sind im Norden Kents unterwegs und besuchen Zeitungsredaktionen im Zuge der Öffentlichkeitsarbeit. Am Nachmittag bemerken Sie, dass Ihnen für zwei Redaktionen die Zeit fehlt. Sie rufen im Büro an und bitten Ihre Kollegin, Ihren Zeitplan neu zu organisieren und die beiden Termine zu verlegen. **Wie sieht dieses Telefongespräch aus?**

Hello, Angela. I __________ if you __________ me a big favour. I'm never going to be able to get around to calling on the North Kent Times and the Dartford Herald this afternoon. Do you think you could give them each a __________ and __________ our meetings until tomorrow. I'd call them on my __________ but I think it would look more businesslike if the __________ came from the office. Just tell them I shall give them a __________ first thing tomorrow morning before setting out. Whatever you do, don't allow them to cancel the meetings altogether. If there's any trouble you can __________ me on my mobile. Perhaps you could __________ my home number, anyway, and leave a message on the __________.

Background Information

Make sure you know the precise difference between **postpone** and **cancel**. Mixing them up in business can lead to all kinds of problems! If you postpone an appointment you put it off until another time. If you cancel it you call it off altogether.

Talk Talk Talk

(Peter's Office – Angela enters)
A. Peter, if you're calling the papers there's one more thing you could do for me.

(Peters Büro – Angela tritt ein)
A. Peter, wo Sie gerade dabei sind, die Zeitungen anzurufen – es gibt da noch etwas, das Sie für mich tun könnten.

P. Certainly. What is that?

P. Sicher. Was denn?

A. Could you also **contact the Advertising Departments** and inquire about the possibility of doing an **advertorial**?

A. Könnten Sie außerdem **Kontakt zu den Anzeigenabteilungen aufnehmen** und nachfragen, ob die Möglichkeit besteht, ein **Advertorial** zu schalten?

P. An advertorial?

P. Ein Advertorial?

A. That's a combination of **advertisement and editorial copy**. It's a very effective and more reasonable way of advertising. Just ask them to send details of what they can offer.

A. Das ist eine Kombination aus **Advertisement (Anzeige) und Editorial Copy (redaktionellem Beitrag)**. Eine sehr effektive und sinnvolle Art, Anzeigen zu schalten. Sagen Sie einfach, sie sollen uns ein Angebot mit den Möglichkeiten schicken.

P. Well, I'll try. Where do I start?

P. Tja, ich kann's versuchen. Womit fange ich an?

A. Here's a list of newspapers we'd like coverage in. The numbers are there and in most cases a **contact name**. Just start at the top and work through the list. Sorry to **drop** this **on** you, but I have so much to do. And Melissa told me not to spare you.

A. Hier ist eine Liste mit Zeitungen, die nach Möglichkeit über uns schreiben sollten. Wir haben die Telefonnummern und in den meisten Fällen auch **den Namen eines Ansprechpartners**. Fangen Sie einfach oben an und arbeiten Sie sich dann nach unten durch. Tut mir Leid, dass ich das auf Sie **abwälzen** muss, aber ich habe einfach zu viel zu tun. Und Melissa hat mir gesagt, ich soll Sie nicht schonen.

P. Thank you, Melissa! Hand me the phone as you leave, Angela ...

P. Na, besten Dank auch, Melissa! Geben Sie mir doch bitte beim Herausgehen das Telefon, Angela ...

Train Yourself

Peter hat Probleme beim Kontaktieren der ersten Zeitung, die er zu Anzeigen und redaktionellen Möglichkeiten befragen soll. **Können Sie ihm helfen?**

P. Hello, is ______ the Barnett Chronicle? No? Who am I ______ to? What ______ do you have? That's the number I ______. There must be some mistake. Oh, the Barnett Chronicle has moved? I didn't know. I'll ______ directory inquiries and try and get the new ______. Hello, directory inquiries? Could you ______ me the new ______ of the Barnett Chronicle, please. Double two nine eight three five? Could you ______ that? Thank you.
(Peter dials the number) Hello, Barnett Chronicle? Could you ______ me ______ to the advertising department, please? Advertising department? No? What department am I ______ to? Circulation department? I'm afraid I have been wrongly ______. Are you able to ______ me to the

advertising department? All right, I'll __________. Hello, is that the advertising department? No? Where have I landed now? The news department? I keep on getting __________ the wrong department. But wait! Don't __________ off. I'd like to __________ to your department, anyway.

Background Information

The English love to create **portmanteau words** – meaning words made up of at least two others with the same meaning (a portmanteau is a large travelling case, usually one with several compartments). **Advertorial** is a good example of a portmanteau word. An advertorial is – as Angela explained – a form of advertising incorporating both advertising and editorial copy. Although newspapers insist that it must be identified as an advertisement, usually in unobtrusive, small print, an advertorial can be a clever way of getting across a message without giving readers the impression they are reading an advertisement. Special editions on any subject from lines of business to entire economies are an ambitious form of advertorial. The most subtle form in the English press is to be found in most travel supplements. The next time you read an English newspaper try and spot the »advertorials«.

Talk Talk Talk

(Melissa enters)	(Melissa tritt ein)
M. Peter! Can the three of us have a meeting in my office in ten minutes to **review progress** on the trade fair, the press conference and the **general advertising and marketing programme**?	M. Peter! Können wir drei uns in zehn Minuten zu einer Besprechung in meinem Büro treffen, um über den **Fortschritt** der Messe, die Pressekonferenz und das **generelle Anzeigen- und Marketingprogramm zu sprechen**?
P. Certainly, I'll just **gather** my **papers** and join you ...	P. Sicher, ich **suche** nur meine **Unterlagen zusammen** und komme dazu ...

M. Angela, **let's hear from you first**. How far are you with the press conference and the press release?

M. Angela, **fangen Sie doch bitte an**. Wie weit sind Sie mit der Pressekonferenz und der Pressemitteilung?

A. I asked Peter to help me out with the press. The **release** is finished and ready for the print-shop.

A. Ich habe Peter darum gebeten, mir bei der Pressearbeit zu helfen. Die **Publikation** ist fertig und kann in Druck gehen.

M. I'll need to look at it first, please. Peter, how far are you with your inquiries?

M. Ich möchte zuerst noch einmal drübergehen. Peter, wie weit sind Sie mit Ihren Anfragen?

P. I've managed to get a few **quotes** on an advertorial campaign, but most of the people I spoke to were keen to **push** a special supplement to coincide with the fair.

P. Ich konnte ein paar **Preisangaben** für eine Werbekampagne in Erfahrung bringen, aber die meisten Zuständigen, mit denen ich gesprochen habe, würden eine Sonderbeilage lieber **verschieben** bis die Messe tatsächlich stattfindet.

M. The problem there is that we'll be sharing space with competitors, and we want to **go alone** on this one. We have a product we believe to be unique and we want to surprise the market with it. We can't do that if we share space in a newspaper **supplement** with half a dozen competitors. Call the papers again and put that to them. Anything else I should know about right now? No? Good! Let's get on with what we have to do then ...

M. Das Problem ist, dass wir dann Anzeigenplatz mit unseren Mitbewerbern teilen müssen und wir würden hierbei gern **allein in Erscheinung treten**. Wir haben ein Produkt, das wir für einmalig halten, und wir würden den Markt gern damit überraschen. Und das können wir nicht, wenn wir uns den **Anzeigenplatz** in den Zeitungen mit einem halben Dutzend Konkurrenten teilen müssen. Rufen Sie die Zeitungen noch einmal an und erklären Sie ihnen das. Gibt es sonst noch etwas, das ich wissen sollte? Nein? Gut! Dann machen wir uns wieder an die Arbeit ...

P. (alone with Angela). Wow, she certainly knows what she wants.

P. (allein mit Angela). Wow, sie weiß, was sie will.

A. Don't tell me! A real **hard cookie**! But you've seen nothing yet!

A. Wem sagen Sie das! Sie ist ein echt **harter Brocken**! Aber das war noch gar nichts!

Train Yourself

1. Sie wurden gebeten, sich mit dem Redakteur der Lokalzeitung in Verbindung zu setzen und ihn zu einer Pressekonferenz inklusive Mittagessen einzuladen. **Welche der folgenden Möglichkeiten würden Sie zu diesem Anlass wählen?**

(a) Mr Norris, I want you to come to a press conference and lunch.
(b) Mr Norris, ERGO would be exceedingly grateful if you could spare the time to attend a press conference and lunch at our offices.
(c) Mr Norris, can you come to a press conference and lunch next week?
(d) Mr Norris, ERGO would like to invite you to attend a press conference at our offices next week. Lunch will also be served.

2. Mr Norris nimmt die Einladung an, aber Sie hätten dennoch gerne eine Bestätigung der Zusage durch seine Sekretätin. **Wie formulieren Sie dies am diplomatischsten?**

(a) Glad to hear you can come. Can your secretary confirm for us?
(b) Thank you for your acceptance, but we'd like your secretary to confirm.
(c) We are so glad to hear you can attend. Perhaps your secretary could confirm your attendance by telephone in the next few days.
(d) Great! Can your secretary confirm?

Talk Talk Talk

(James Morgan's office)
J. Peter, **could you step into my office for a moment, please**?

(James Morgans Büro)
J. Peter, **könnten Sie bitte kurz in mein Büro kommen?**

P. Good morning, Mr Morgan.

P. Guten Morgen, Mr Morgan.

J. Good morning. I'm sorry to have neglected you these past few days, but you were **in good hands**. How are you **coming along**? No, no – I already know! I call both Steve and Melissa on a regular basis to check how you're doing. Both are highly satisfied.

J. Guten Morgen. Tut mir Leid, dass ich Sie in den letzten Tagen so vernachlässigt habe, aber Sie waren ja **in guten Händen. Wie kommen Sie klar**? Nein – das weiß ich ja längst! Ich rufe Steve und Melissa regelmäßig an, um mich zu erkundigen, wie Sie sich machen. Beide sind sehr zufrieden mit Ihnen.

P. Miss Walker, too?

P. Miss Walker auch?

J. She actually called me to say how happy she was with how well you are settling in. For Melissa, that's a very high compliment!

J. Sie hat mich sogar angerufen um mir zu sagen, wie froh sie ist, dass Sie sich so gut einfügen. Für Melissa ist das ein großes Kompliment!

P. I can believe it!

P. Das glaube ich!

J. Now, how about Steve? Do you approve of his operation?

J. Und was ist mit Steve? Billigen Sie seine Vorgehensweisen?

P. Approve? I'm here to learn, surely.

P. Billigen? Ich bin hier, um zu lernen.

J. You're right. Forget I asked! Steve is a very good Sales Manager, but he has his methods. Sometimes they can be rather unconventional.

J. Sie haben Recht. Vergessen Sie die Frage! Steve ist ein sehr guter Verkaufsleiter, aber er hat so seine eigenwilligen Methoden – manchmal können sie äußerst unkonventionell sein.

P. I can honestly say I didn't notice ...

P. Ich kann mit gutem Gewissen sagen, dass mir das nicht aufgefallen ist ...

J. Well, Miss Walker noticed you noticed! But don't let it bother you. **You're doing fine** and we're glad to **have you aboard** ...

J. Nun ja, Miss Walker ist es aufgefallen, dass es Ihnen aufgefallen ist! Aber machen Sie sich deshalb keine Gedanken. **Sie leisten gute Arbeit** und wir sind froh, Sie **an Bord zu haben** ...

Train Yourself

James Morgan bittet Peter, zwei Vertreter anzurufen um diese zu fragen, warum ihre Berichte verspätet waren. **Wie sehen diese Gespräche aus?**

Hello, may I __________ Donald Fyfe, please? Mr Fyfe, Mr Morgan asked me to __________ you and __________ about your weekly report. He's concerned that it is __________ late. He says that you usually __________ your report __________ every week, but this week is hasn't __________ yet. He would be __________ if you __________ it as soon as possible. He __________ that you have a great deal to do at the moment, but the office does __________ that report.

require, submit, speak to, grateful, very, appreciates, sent, arrived, promptly, inquire, call.

Talk Talk Talk

(Melissa's office)
M. Right, Peter. We're ready to make **final arrangements** for that press conference. I called the *Press Club* and confirmed the date. Can you **draw up a press release** for us, containing the invitation? Here are the details.

(Melissas Büro)
M. Na schön, Peter. Wir sind jetzt so weit, die **letzten Vorbereitungen** für die Pressekonferenz zu treffen. Ich habe schon den *Press Club* angerufen und den Termin festgesetzt. Können Sie eine **Pressemitteilung** mit einer Einladung **entwerfen**? Hier haben Sie die Details.

P. Fine, but I'll need to clear up some details with the **Technical**

P. Gern, aber ich muss zuerst noch ein paar Einzelheiten mit der

Department first. I don't yet have all the facts about these two new systems. Who will be conducting the press conference?	**Technischen Abteilung** klären. Ich habe noch nicht alle Fakten über diese beiden neuen Systeme. Wer wird die Pressekonferenz denn leiten?
M. Mr Morgan, but I'll also be there, and he'll certainly need your assistance.	M. Mr Morgan, aber ich werde auch dabei sein – und er wird sicherlich auch Ihre Hilfe brauchen.
P. He didn't tell me that when I called him yesterday.	P. Als ich ihn gestern angerufen habe, hat er mir das gar nicht gesagt.
M. Peter, you're officially his assistant. Are you nervous or something?	M. Peter, Sie sind sein offizieller Assistent. Sind Sie vielleicht nervös?
P. Do you think my English is up to it?	P. Glauben Sie, mein Englisch ist gut genug?
M. It'll do. You'll be identified as our German Assistant-Director, anyway.	M. Es wird reichen. Sie werden sowieso als unser Assistant Director aus Deutschland vorgestellt.
P. Yes, that's just what worries me. I've read some strange comments about the Germans since getting here.	P. Ja, genau das macht mir ja Sorgen. Seit ich hier bin, habe ich schon einige sehr befremdliche Kommentare über die Deutschen gelesen.
M. You're reading the wrong newspapers, Peter.	M. Sie lesen die falschen Zeitungen, Peter.
P. Well, you're the Marketing Director - give me some advice.	P. Na ja, Sie sind der Marketing Direktor – geben Sie mir einen Rat.

M. My best advice, Peter, is to **keep your head down** at the press conference and let Mr Morgan do all the talking. Then you'll survive it ...

M. Mein bester Rat, Peter, ist es, sich auf der Pressekonferenz **zurückzuhalten** und das Reden Mr Morgan zu überlassen. Dann werden Sie das Ganze schon überleben ...

Train Yourself

Können Sie Peter helfen, die Pressemitteilung und die Einladung zu entwerfen?

ERGO Limited. A press release.
You are ______ to ______ a press conference at the Press Club, Shoe Lane, on Friday, April 24, at 11 AM. ERGO will be ______ its new software packages to the media. We feel sure the full range of our new products will be of ______ to you, and our experts – led by Mr James Morgan, Managing Director, will be ______ to answer your questions and ______ any further information you ______. The press conference will be ______ by a luncheon, ______ cordially invited to attend. ERGO would ______ a reply by March 30.

Background Information

If you are involved in the **organization of a press conference**, make sure invitations are sent well in time, together with a request to reply by a set date. Be concise and clear about the purpose of the conference, which should be held in a neutral setting, such as a Press Club. Open the press conference with a brief introduction and summary of what you or your company has to make public, and then take questions. Ask questioners to identify themselves and their publications. Keep question-time to no longer than half an hour and signal the end of the press conference by announcing you can take »just two more questions« and making clear senior members of the company are prepared to be approached personally on specific topics - perhaps at an informal buffet or lunch.

Talk Talk Talk

(Melissa's office)

M. Peter, could you help me out by giving the trade fair organizers a call and ask them if they've **got around** yet to **drawing up** a catalogue?

(Melissas Büro)

M. Peter, könnten Sie mir dabei helfen, die Organisatoren der Messe anzurufen und sie zu fragen, ob sie schon **dazu gekommen sind** einen Katalog **zusammenzustellen**?

P. Certainly. Do you have the number?

P. Natürlich. Haben Sie die Nummer?

M. Yes, and the **contact person**. Her name is Stella Barker. Her **extension** is three-o-five. You might have difficulty getting through – she's very busy right now. But please keep trying. I really need to know today how far she is with the catalogue.

M. Ja – und die **Kontaktperson**. Ihr Name ist Stella Barker. Ihre **Durchwahl** ist Drei-Null-Fünf. Sie werden vielleicht Probleme haben, durchzukommen – sie ist gerade natürlich sehr beschäftigt. Aber bitte versuchen Sie es weiter. Ich muss wirklich heute noch wissen, wie weit sie mit dem Katalog ist.

P. I'll **get on to it** right away. I've nothing more **pressing** to do at the moment, anyway. A bit more phoning won't do any harm. It'll keep me in practice!

P. Ich **kümmere mich** sofort **darum**. Ich habe im Augenblick sowieso nichts **Dringlicheres** zu tun. Ein bisschen mehr Telefonieren wird schon nichts schaden. So bleibe ich wenigstens in Übung!

Train Yourself

1. Peter ruft die Messeorganisation an, um sich nach dem Katalog zu erkundigen. Er hat einige Schwierigkeiten zur richtigen Ansprechpartnerin, nämlich Stella Barker, durchzukommen. **Können Sie ihm helfen?**

Hello, is that the International Trade Fair Centre? Could you ________ ________ please to extension three-o-five? It's ________________?

I'll __________. Hello, hello? Damn, I've been __________. I'll have to try to __________ her number direct. Still __________. Right, here goes again! Hello, is that the International Trade Fair Centre? You __________ me __________ when I __________ before. I am trying to __________ Miss Stella Barker on three-o-five. I know the number is __________. Can you __________ her call? This is very important. You'll put me __________ hold? But, please, I can't __________ on for very long. As I said, this is important. Ah, __________ at last. Is that the print department. Could I __________ to Miss Stella Barker, please? She's just stepped out? Oh, no! Then I'll __________ on. But please don't __________ me off. I've been __________ on this phone for what seems hours.

2. Als er Stella schließlich erreicht ist er so frustriert, dass er zunächst atemlos probiert, seine Anfrage los zu werden!

Hello, Miss Barker. Peter Brückner here! Brückner of ERGO Limited. We are exhibiting at the electronics trade fair. I have an important question. Or, at least, my Marketing Director does. She's Miss Melissa Walker. Perhaps you know her. Anyway, it concerns the catalogue. She is worried about an apparent delay in its appearance. The appearance of the catalogue, that is. I mean, not the actual appearance of the catalogue but when it will be printed. Is the catalogue finished? When will it be appearing? Miss Walker says she wanted to see first of all the layout of the page where ERGO is advertising. She's worried there might be mistakes in it and wants to correct them, if there are any, that is. Although, we're sure there aren't any because we had a proof from you last week. But you can never be too sure, can you?
Doch dann holt er einmal tief Luft, entspannt sich und korrigiert seinen ersten Versuch. **Helfen Sie ihm dabei!**

Talk Talk Talk

(Peter's office)
P. I had problems getting through to Stella Barker, but **she assured me**

(Peters Büro)
Ich hatte einige Probleme, zu Stella Barker durchzukommen, aber **sie**

the catalogues are ready and can be picked up from this afternoon. Or she'll **courier** them, if you like.	**hat mir versichert**, dass die Kataloge fertig sind und heute Nachmittag abgeholt werden können. Wenn Sie wollen, kann sie die Kataloge auch **per Kurier schicken**.
M. We'll send Chip round for them. Chip!	M. Wir werden Chip danach schicken. Chip!
C. Miss Walker?	C. Miss Walker?
M. Drop what you're doing and get round to the International Trade Fair Centre right away. Miss Stella Barker will give you a batch of catalogues.	M. Lass' alles stehen und liegen und fahre sofort zum Internationalen Messezentrum. Miss Stella Barker wird dir dort einen Stapel mit Katalogen übergeben.
C. Righto! I'm on my way.	C. Geht klar! Bin schon unterwegs.
M. I would prefer to have seen a second **proof** of our **insertion** before the final printing. I just hope there are no further mistakes.	M. Ich würde gerne noch einen zweiten **Korrekturabzug** unseres **Inserates** sehen, bevor der Katalog endgültig in Druck geht. Ich hoffe, diesmal sind keine Fehler mehr darin.
P. Miss Barker assured me the catalogue is now entirely free of mistakes.	P. Miss Barker hat mir versichert, dass der Katalog jetzt vollkommen fehlerfrei ist.
M. Peter, in this business I have learnt **to trust no set of eyes but my own**.	M. Peter, in diesem Geschäft habe ich gelernt, **nur das zu glauben, was ich mit eigenen Augen gesehen habe**.
P. Lovely eyes, too - oh, pardon me, that just slipped out!	P. Und mit wunderschönen Augen – oh, verzeihen Sie bitte, das ist mir so rausgerutscht!

M. Did Lucy put something stronger in your tea this morning? Compliments don't belong on your desk, Peter! Keep them for the evenings. Those long evenings at the pub with Steve.

M. Hat Lucy Ihnen heute Morgen etwas in den Tee getan? Komplimente haben am Schreibtisch nichts zu suchen, Peter! Sparen Sie sie für die Abende auf. Für diese langen Abende in den Pubs mit Steve.

P. You won't find me at the pub these days. I can't **get used to** the beer. And the way the English drink! Pubs get no complements from me.

P. In diesen Pubs werden Sie mich nicht mehr finden. Ich kann mich an dieses Bier nicht **gewöhnen**. Und die Art, wie Engländer trinken! Die Pubs können mir erst einmal gestohlen bleiben.

Train Yourself

1. Sie wurden damit beauftragt, eine Anzeige von ERGO Limited für den Messekatalog zu entwerfen. In ihrem Notizbuch stehen die wichtigsten Anhaltspunkte, aber diese müssen erst in einen vollständigen Text umgewandelt werden. **Wie sieht Ihr Textentwurf aus?**

ERGO Limited, Carter's Lane, London NI. Tel. 171/385964, Fax. 171/385965. Website: http//www.ergo.uk. Email: Ergo@telkom.uk
British subsidiary of ERGO International, San Diego, USA, a leading manufacturer of communications technology.
Latest products on the market: Accounting 2000, updating earlier accounting program; Quick-Ed - entirely new editing program for magazines and newspapers. Very latest in easy editing and page makeup. Saves many man-hours in sub-editing phase of magazine and newspaper production. System can be viewed at Middlesex Echo - phone ERGO Limited for appointment to view.

....

....

....

....

....

2. Ein Zeitungsredakteur ruft an, um sich nach der Möglichkeit, das Quick-Ed Programm einmal in Betrieb zu sehen, zu erkundigen. Sie rufen beim »Middlesex Echo« zurück, um einen Termin zu vereinbaren. **Füllen Sie die Lücken im Gesprächstext!**

Hello, Middlesex Echo? Could you ______ me ______ to the Editorial Department, please? Hello, is that the Editorial Department? I'd like to ______ the Editor, please. Yes, I'll ______. Hello, is that the Editor, Mr Ponsonby? Good morning, Mr Ponsonby. My ______ is Morgan, James Morgan, of ERGO Limited. You were kind enough to offer us the ______ to demonstrate our Quick-Ed program **in situ** at the Middlesex Echo. Do you remember? I am ______ now to inquire if I ______ bring along one of our potential clients to view the system at work. When? I'm not yet sure. I'm waiting for his ______. He promised to ______ me by today to suggest a ______.
May I then ______ you back and fix an ______?
Certainly, I'll ______ your secretary. What ______ does she have? Do I ______ a zero before the local code? One question: how long can we spend in your editorial offices without being a nuisance. An hour or so? That's very kind of you! I'll be ______ back later today to confirm the arrangements. When would it be convenient to ______? I'll certainly ______ by five o'clock.

Talk Talk Talk

(Melissa's office)
C. Here you are Miss. Here are the catalogues. They said there were six of them.

(Melissas Büro)
C. Hier bitte, Miss – die Kataloge. Sie haben gesagt, es gäbe sechs Stück davon.

M. Thank you, Chip. I'd better call and confirm they have arrived, though.

M. Danke, Chip. Aber ich rufe besser noch einmal an, und bestätige, dass sie angekommen sind.

C. Well, aren't *you* trusting? I came straight here with them.

C. Meine Güte, was für ein Vertrauen! Ich bin direkt mit den Dingern hierher gekommen.

M. **No reflection on** you, Chip. I made such a noise about these catalogues that I must confirm their arrival.

M. Das hat **nichts mit dir zu tun**, Chip. Ich habe so einen Aufstand wegen dieser Kataloge gemacht, dass ich den Erhalt jetzt auch noch einmal bestätigen muss.

C. Just as you like. **Will there be anything else**?

C. Ganz wie Sie wollen. **Gibt es sonst noch etwas?**

M. Chip, be a dear and run out for a sandwich for me. There's **no way** I'm going to get a lunch break today.

M. Chip, sei doch bitte ein Schatz und besorge mir ein Sandwich. Es besteht **keine Chance**, dass ich heute eine Mittagspause einlegen kann.

P. (appears in the door) I've just called out for a couple of ciabbatas – you're very welcome to share them, Melissa.

P. (erscheint in der Tür) Ich habe gerade ein paar Ciabbatas bestellt – Sie sind herzlich eingeladen, sie mit mir zu teilen, Melissa.

M. Peter, that's very kind of you. All right, Chip – you're **off the hook**! Now, let me finish off this catalogue business. Lucy, can you get me the International Trade Fair Centre? Do you have their number? Just dial the switchboard. Hello, is that the International Trade Fair Centre? Can you put me through please to Stella Barker ...

M. Sehr nett von Ihnen, Peter. Na schön, Chip – du bist **nochmal davongekommen**! Jetzt lasst mich diese Katalog-Geschichte zu Ende bringen. Lucy, können Sie mich mit dem Internationalen Messezentrum verbinden? Haben Sie deren Nummer? Rufen Sie einfach bei der Telefonzentrale an. Hallo, ist dort das Internationale Messezentrum? Können Sie mich bitte zu Stella Barker durchstellen ...

Train Yourself

Stella Barker hat ungeduldig auf Peter Brückners Anruf gewartet, aber er hatte große Schwierigkeiten durchzukommen. **Füllen Sie die Lücken im Text mit den passenden Wörtern!**

P. Miss Barker, I'm terribly sorry to __________ so late.

SB. I did wait in my office specifically for your __________.

P. I had terrible difficulty __________ through. Your number was constantly __________ and when I __________ the switchboard I found myself __________ to a completely different number.

SB. I would have __________ you, but I had a lot to do, anyway. It's not that important. But I can't __________ right now. I'm in conference. Can I __________ you back?

P. Certainly, but I shall be __________ my phone for only another twenty minutes or so. If I don't __________ from you in that time I'll try to __________ you tomorrow.

SB. Tomorrow, I'm out and about. But you can __________ my mobile. Do you have the number?

P. I think so. I'll check and call you back.

SB. No, please don't do that – I'm in conference, as I say. I never __________ my mobile __________ when I'm in conference. I find it so disturbing.
My number is – oh, dear, I've got it in the office next-door. Can you __________?

P. I'm sorry, but I have to __________ off. My director is signalling that he wants to speak to me and to __________ the phone. If I don't __________ from you I'll __________ you tomorrow.

SB: That's fine. But don't forget to __________ my mobile - if you find the __________, that is!

Background Information

Mobile rules: there are no rules governing the use of a mobile telephone in Britain, apart from during the take-off and landing of an aircraft. But the sensitive businessperson follows certain rules:

1. He or she switches their mobile off in a restaurant – and of course in the cinema, theatre, opera house and concert hall.
2. In the office, it's considerate to switch the mobile off during important staff conferences. The secretary can be instructed to break in with calls requiring urgent attention.
3. Legislation making it illegal to use a mobile in the hand while driving is also being considered in Britain.

Talk Talk Talk

(Melissa's office)
M. Well, Peter that's your week with me over! You survived it very well!

(Melissas Büro)
M. Tja, Peter, Ihre Woche mit mir ist vorbei! Sie haben sich gut geschlagen!

P. I enjoyed it very much, and I'm sure I learnt a lot – although I seem to have spent most of my time on the phone.

P. Es hat mir viel Spaß gemacht und ich habe eine Menge gelernt – obwohl ich das Gefühl habe, die meiste Zeit am Telefon verbracht zu haben.

M. Don't worry, you'll soon get out and about. It's often necessary to lay the **groundwork** on the phone. At least, you have no difficulty there now.

M. Keine Sorge, Sie werden bald etwas weiter herumkommen. Aber es ist oft unvermeidbar, die **grundlegende Arbeit** über das Telefon zu erledigen. Wenigstens haben Sie damit keine Probleme mehr.

P. There are still some points I'm not clear about. I'm still not used to being told »just one moment» when I dial a number and then having to hang on for what seems ages! And I wouldn't like to count the number of times I've been cut off or put through to the wrong extension. And then I can't stand it when the person on the other end of the line just answers »hello« without identifying himself or herself. It knocks me off balance for a moment and I have difficulty beginning the conversation.

P. Es gibt immer noch ein paar Punkte, mit denen ich nicht so recht klar komme. Ich habe mich immer noch nicht daran gewöhnt, gesagt zu bekommen, ich solle »einen Moment in der Leitung bleiben« – und dann eine Ewigkeit warten zu müssen! Und ich möchte gar nicht wissen, wie oft ich aus der Leitung geworfen oder falsch verbunden wurde. Und ich kann es nicht leiden, wenn die Person auf der anderen Seite der Leitung sich einfach nur mit »Hallo« meldet, ohne ihren Namen zu sagen. Das bringt mich immer für einen Moment aus der Fassung und ich habe dann Probleme, das Gespräch zu beginnen.

M. I know, and I quite agree. But at least you'll never make that mistake, will you?

M. Ich weiß, mir geht das ähnlich, aber wenigstens werden Sie diesen Fehler nicht machen, nicht wahr?

P. Well, I do have other problems when it comes to identifying myself. Spelling Brückner over the phone is not the easiest task here in Britain!

P. Tja, dafür habe ich Probleme, wenn ich meinen eigenen Namen am Telefon sage. Hier in England »Brückner« zu buchstabieren ist alles andere als einfach!

Vocabulary

advertising department	Anzeigenabteilung; Werbeabteilung
advertorial	Mischung aus Anzeige und redaktionellem Beitrag
to be at home with sth.	mit einer Sache vertraut sein
businessperson	Geschäftsmann/-frau
to come along	sich entwickeln; Fortschritte machen

company profile	Firmenprofil
contact (name)	(Name eines) Ansprechpartner(s)
to conduct a press conference	eine Pressekonferenz leiten
to courier sth.	etw. per Kurier schicken
down to orders	zum Geschäftlichen kommen
to draw up	(einen Text) entwerfen
to drop on	(Arbeit) abwälzen
editor	Redakteur
fair	Messe
franchise	Franchise (Übertragung einer Lizenz)
to gather the papers	die Unterlagen zusammensuchen
to get around to	dazu kommen
to get on to	sich daran machen
to get used to	sich daran gewöhnen
to go alone	als Einziger vertreten sein
ground work	grundlegende Arbeit
hand-out	Handzettel; Informationsblatt
hard cookie	harter Brocken (anerkennend)
to have aboard	jmd. an Bord haben
he/she is tops	jmd. ist unschlagbar/ der, die Beste
in good hands	in guten Händen
insertion	Inserat
to keep your head down	sich zurückhalten
to make a practice of	es sich zur Regel gemacht haben
to make doubly certain	auf Nummer sicher gehen
news department	Nachrichtenredaktion
no reflection on	nichts zu tun haben mit (versichernd)
no way	unter keinen Umständen
off the hook	vom Haken/noch mal davon-gekommen
operations	Geschäftsaktivitäten
personal call	Stippvisite
press conference	Pressekonferenz
press release	Pressemitteilung
pressing	etwas Eiliges/Wichtiges

print-shop	Druckerei
proof (in publishing)	Korrekturabzug
to push	hier: verschieben/aufschieben bis zum besten Zeitpunkt
quite a hand at	erfahren/geübt mit etwas
quote/quotation	hier: Aussage (sonst: Angebot)
release	Publikation
run-up	hier: für den Beginn/Anfang
to settle in	sich eingewöhnen
slog	harte Arbeit/Schufterei
special supplement	Sonderbeilage, Zeitungsbeilage
to take it from there	sich von da ab um etwas kümmern
technical department	Technische Abteilung
the pleasure is all mine	das Vergnügen ist ganz auf meiner Seite
work-load	Arbeitspensum

After-sales servicing
Kundenbetreuung

Here we go

Nach seinen Erfahrungen in der Marketing-Abteilung bei Melissa Walker tritt Peter nunmehr seine eigentliche Rolle als Assistent bei James Morgan, dem Managing Director bei ERGO Limited, an. Nun wird er zum ersten Mal persönlich mit Kundenproblemen und deren Lösung konfrontiert und erhält sogar seinen allerersten Außenauftrag ...

Talk Talk Talk

(James Morgan's office)
J. Hello! Morgan here!

L. Oh, good morning, Mr Morgan. It's Lucy here. Mr Brückner called to say he would be a little late this morning because he has to call at the Social Security Office on the way in. I tried to put him through to you, but the line was busy, and he was in a hurry, **so I took the message**.

J. Fine, Lucy. Don't worry. I don't really have anything for him to do yet, even though this is his first day with me ...

(Peter enters after some time)
P. I really am sorry I'm so late, Mr Morgan. I hope Lucy told you the reason.

(James Morgans Büro)
J. Hallo! Morgan am Apparat!

L. Oh, guten Morgen, Mr Morgan. Hier ist Lucy. Mr Brückner hat mich angerufen, um zu sagen, dass er heute wohl etwas später kommen wird, weil er auf dem Weg zur Arbeit noch beim Sozialversicherungsamt vorbeischauen muss. Ich habe versucht, ihn zu Ihnen durchzustellen, aber die Leitung war immer besetzt und er hatte es sehr eilig – also **habe ich die Nachricht entgegengenommen**.

J. Schon gut, Lucy. Keine Sorge. Ich habe sowieso noch nichts Richtiges für ihn zu tun, obwohl heute sein erster Tag bei mir ist ...

(Nach einer Weile tritt Peter ein)
P. Tut mir wirklich Leid, dass ich so spät komme, Mr Morgan. Ich hoffe, Lucy hat Ihnen den Grund dafür gesagt.

J. No problem, Peter. Come in and make yourself at home. I'll call Lucy for some tea and then we'll **get down to business**.

J. Kein Problem, Peter. Kommen Sie rein und machen Sie es sich bequem. Ich bitte Lucy, uns einen Tee zu bringen und dann **machen wir uns an die Arbeit**.

P. **I'm looking forward to working more closely with you**, Mr Morgan. And I hope I can be of some help, too.

P. **Ich freue mich schon darauf, enger mit Ihnen zusammenzuarbeiten**, Mr Morgan. Und ich hoffe, dass ich Ihnen eine Hilfe sein kann.

J. That you can be, Peter! Monday morning I just spend sifting through the **paperwork** that has to be attended to during the week. You can certainly take some of that work-load off me. You'll be very **au fait** by now with much of it after your time in Sales and Marketing.

J. Oh, das werden Sie, Peter! Am Montagmorgen überfliege ich immer den **Papierkram**, der im Laufe der Woche erledigt werden muss. Sie können mir bestimmt etwas von dieser Arbeit abnehmen. Nach Ihrer Zeit im Verkauf und im Marketing werden Sie mit dem meisten davon schon **vertraut** sein.

Train Yourself

1. Sie müssen im Büro anrufen, um mitzuteilen, dass Sie sich leider verspäten werden. **Wie gehen Sie dies am elegantesten an?**

Hello, Lucy? I've tried to ______ Mr Morgan on his ______, but the line is always ______. I have to call at the Social Security Office on the way to work, so I'll be rather late. ______ please leave a message for Mr Morgan? ______ please tell him I tried to ______ him but I couldn't ______ through, and ______ please tell him I shall be late in? If I'm delayed longer than half an hour or so I'll ______ again.
______ you ______ able to do that for me? Thank you so much, Lucy!

2. Multiple choice

Finden Sie das richtige Wort für die Lücke!

Please ________ I'm trying to connect you.
a) *wait*
b) *hold on*
c) *don't go away*

Can you ________ another line?
a) *put through*
b) *speak to*
c) *try*

May I ________ Mr Brown, please?
a) *speak to*
b) *talk to*
c) *contact*

The line is dead. I think I've been ________.
a) *disconnected*
b) *thrown out*
c) *cut off*

Is he still ________ the phone?
a) *on*
b) *speaking on*
c) *talking on*

Would you please ________ the line. I'm busy.
a) *leave*
b) *get off*
c) *relinquish*

Please try to get them ________ phone.
a) *by*
b) *with the*
c) *on the*

Talk Talk Talk

(James Morgan's office)
J. Now, Peter. Let's look at some of this paperwork. Steve sends in at the start of every week a **round-up** of what his people have been up to the previous week, a progress report and a **projection**. He also copies me what he sends to **accounts**, a rough balance of outgoings, supported by receipts, and

(James Morgans Büro)
J. Also, Peter, nehmen wir uns mal etwas von dem Papierkram vor. Steve schickt mir zu jedem Wochenbeginn eine **Übersicht** darüber, was seine Leute in der Vorwoche alles getan haben, einen Fortschritts-Bericht und eine **Prognose**. Außerdem schickt er mir alles in Kopie, was er an die **Rech-**

an account of receipts, actual and expected. I try to get through it all on Monday morning, but it's usually Tuesday before I'm through. Anyway, Tuesday is our customary conference day.

nungsstelle weitergibt, eine grobe Aufstellung der Ausgaben, belegt durch Rechnungen, zusätzlich noch eine Zusammenstellung aller Rechnungen – der aktuellen und der noch erwarteten. Ich versuche, mich während des Montagmorgens da durchzuarbeiten, aber meistens brauche ich bis Dienstag, bevor ich damit fertig bin. Dienstag ist auf jeden Fall unser üblicher Konferenztag.

P. How can I help you here?

P. Wie kann ich dabei helfen?

J. Perhaps you'd like to take Steve's summary and match it with his accounts report. Accounting will pick up any irregularities, but it doesn't harm to be ahead of the **bean-counters**!

J. Sie könnten vielleicht Steves Aufrechnungen übernehmen und sie mit der Summe seiner Rechnungsbeträge abgleichen. Die Rechnungsstelle wird zwar alle Unregelmäßigkeiten aufspüren, aber es kann nichts schaden, diesen **Erbsenzählern** einen Schritt voraus zu sein!

P. Bean-counters?

P. Erbsenzähler?

J. Oh dear, there's my time in the Far East showing me up again. That's what the accounting staff were called in Hong Kong, and the expression has travelled as far as the United States and Britain now!

(Phone rings) And there's the first distraction of the day. Hello, Morgan here! But Mr Thomson, we tried to get you all last week. You were never there. Look, can I call

J. Oh je, da kommt meine Zeit im Fernen Osten wieder durch. So haben wir die Mitarbeiter der Rechnungsstelle in Hong Kong genannt und dieser Ausdruck hat sich inzwischen bis in die Vereinigten Staaten und nach England verbreitet! (Das Telefon klingelt) Und da haben wir ja schon die erste Ablenkung des Tages. Hallo, hier Morgan! Aber Mr Thomson, wir haben die ganze letzte Woche ver-

you right back? What's your extension? (Puts phone down). That, Peter, was a bean-counter!

sucht, Sie zu erreichen. Sie waren nie da. Hören Sie, kann ich Sie zurückrufen? Wie lautet denn Ihre Durchwahl? (Legt den Hörer auf) Das, Peter, war ein Erbsenzähler!

Train Yourself

Sie wurden gebeten einen Verkäufer anzurufen, um ihn darauf hinzuweisen, dass sein Bericht nicht mit seiner Abrechnung übereinstimmt. **Wie verläuft das Gespräch?**

Hello, ______ Mr Harper? I'm ______ on the instructions of Mr Morgan to ______ you for clarification of your report. Mr Morgan says it doesn't tally with your accounting. I think the best thing is for you to ______ the company headquarters and ask to ______ the head of accounting. When I ______ to him this morning I must confess I didn't understand the problem. Would you mind ______ him and ______ him to sort the problem out, and then ______ me to report on the situation. Mr Morgan also expects a ______ from you later in the day. If he's not there ask to be ______ to me. Oh, before you ______ off please give me a ______ where I can reach you this afternoon.

Background Information

Tally-ho! A tally in the business sense is an account or a reckoning. The verb »to tally« means »to make an account«, »to add up« – or, in the above context, »to make two separate things agree or correspond«. And tally-ho? That's a hunting term, describing a hunter's cry on sighting a fox!

Talk Talk Talk

(Morgan's office)
J. Peter, may I hand Thomson on to you? He's an absolute nuisance! He's the accountant at Sparrow Technologies, and he's not happy with the software we sent him, nor with the **payment agreement**. I've told him we'll send one of our people round to **talk him through** the system and that our accounting will handle the payment problem. But he will insist on speaking to me. Give him a call, tell him you're my assistant and try and sort out his troubles. If you manage to get him off my back I'll buy you lunch tomorrow!

(Morgans Büro)
J. Peter, kann ich diesen Thomson an Sie übergeben? Der Mann ist ein absoluter Nervtöter! Er ist Buchhalter bei Sparrow Technologies und er ist nicht zufrieden mit unserer Software – und auch nicht mit den **Zahlungsbedingungen**. Ich habe ihm gesagt, dass wir einen unserer Leute zu ihnen schicken werden, der ihnen das System **erklärt** und dass unsere Buchhaltung sich um die Zahlungsmodalitäten kümmern wird. Aber er besteht einfach darauf, mit mir zu reden. Rufen Sie ihn bitte an, sagen sie ihm, dass Sie mein Assistent sind und versuchen werden, seine Probleme zu lösen. Wenn Sie es schaffen, ihn mir vom Hals zu halten, lade ich Sie morgen zum Mittag ein!

P. I'll do my best, Mr Morgan. But do you think I can do it all on the phone?

P. Ich werde mein Bestes versuchen, Mr Morgan. Aber glauben Sie, ich kann das alles über das Telefon erreichen?

J. The alternative is a long journey – he's in Scotland!

J. Die Alternative wäre eine lange Reise – er sitzt in Schottland!

Train Yourself

Sie wollen sich nach den Kosten für eine Geschäftsreise nach Schottland erkundigen und rufen ein Reisebüro an, um nach der billigsten und schnellsten Reisemöglichkeit zu fragen. **Wie verläuft das Gespräch?**

Hello, ________ the Oxford Street Travel Centre? I ________ to travel to Scotland tomorrow, returning on Thursday. Do you have any special offers by air? The domestic desk? Can you ________ me through? Yes, I'll ________. Hello, is that the domestic desk? Do you have any special offers to Glasgow or Edinburgh? No, not by train! By air! I'm on the wrong ________? Could you ________ me through to the right extension then, please? Yes, I'll ________. Hello, hello! Damn, I've been ________. The phone is ________. At this rate I'll never get to Scotland? I'll do it all ________ phone.

Talk Talk Talk

(Peter's office)	(Peters Büro)
P. Hello, Mr Thomson? Mr Morgan asked me to call you and try and sort out your problems.	P. Hallo, Mr Thomson? Mr Morgan hat mich gebeten, Sie anzurufen und zu versuchen, Ihre Probleme zu lösen.
T. **Who am I speaking to**?	T. **Mit wem spreche ich denn?**
P. Oh, I am sorry - my name is Peter Brückner. I'm Mr Morgan's new assistant.	P. Oh, tut mir Leid – mein Name ist Peter Brückner. Ich bin Mr Morgans neuer Assistent.
T. Well, I hope you can assist me with my troubles, young man!	T. Tja, ich hoffe, Sie können mir auch bei meinen Problemen assistieren, junger Mann!
P. I'll certainly try. What seems to be the problem?	P. Ich werde es zumindest versuchen. Wo scheint es denn ein Problem zu geben?
T. Seems to be? Problem? I've got at least two for you to solve. Let's start with number one - the ac-	T. Scheint? *Ein* Problem? Ich habe mindestens zwei, die Sie für mich lösen müssen. Fangen wir mit der

counting software you delivered. I can't install it.

Nummer Eins an – die Buchhaltungs-Software, die Sie mir geliefert haben. Ich kann sie nicht installieren.

P. We had a **call from a client with a similar problem**. He hadn't read our instructions carefully enough. A couple of phone calls put the matter right.

P. Wir hatten bereits einen **Anruf von einem anderen Kunden mit einem ähnlichen Problem**. Er hatte unsere Installationsanweisung nicht sorgfältig genug gelesen. Mit ein paar Telefongesprächen sollte das Problem zu lösen sein.

T. Phone calls? Phone calls? I want somebody round here **on the hop**, my man!

T. Telefongespräche? Ein paar Telefongespräche? Ich will jemanden hier an Ort und Stelle sehen, aber **in Nullkommanichts**, junger Mann!

P. Let's see. We have a man in Glasgow, who can call on you tomorrow.

P. Mal sehen. Wir haben einen Mitarbeiter in Glasgow, der morgen vorbeikommen könnte.

T. Tomorrow? Yesterday would have been better. But I'll **settle for** tomorrow.

T. Morgen? Gestern wäre besser. Aber ich werde mich mit morgen **zufrieden geben**.

P. I'll tell him to call you right away and tell you when he will be around.

P. Ich werde ihm sagen, dass er Sie sofort anrufen soll, um Ihnen zu sagen, wann er da sein kann.

T. I'll be waiting, young man, I'll be waiting ...

T. Ich warte, junger Mann, ich warte darauf ...

Train Yourself

The Pecking Order

1. Ordnen Sie die Positionen nach ihrem Rang einem Unternehmen ein:

a. Secretary
b. Managing Director
c. Accountant
d. Department Head
e. Salesman
f. Trainee salesman
g. Assistant Managing Director
h. Chief Accountant
i. Chief Secretary

2. Ordnen Sie jeder dieser Personen Ihre korrekte Position zu!

Lucy ....
Peter Brückner ....
James Morgan ....
Jenkins ....
Joe Sampson ....
Melissa Walker ....
Chip ....
Mr Thomson ....
Steve Blackman ....
Geoff Burnes ....

Talk Talk Talk

(Peter's Office)
P. Lucy, do you have the number of our man in Glasgow? McLeod is his name. Roy McLeod.

(Peters Büro)
P. Lucy, haben Sie die Nummer von unserem Mann in Glasgow? Sein Name ist McLeod. Roy McLeod.

L. I'll have it for you **in a jiffy**. Shall I call him for you and connect you?

L. Ich suche sie Ihnen im **Handumdrehen** heraus. Soll ich ihn für Sie anrufen und Sie gleich durchstellen?

P. That would be very kind of you, Lucy.

P. Das wäre sehr nett von Ihnen, Lucy.

L. Mr McLeod? ERGO Limited, London, here. Mr Brückner would like to speak to you. **Please hold the line. I'm putting you through right now** ...

L. Mr McLeod? Hier ERGO Limited, London. Mr Brückner würde gern mit Ihnen sprechen. **Bitte bleiben Sie in der Leitung, ich stelle Sie durch** ...

P. Hello, Roy McLeod? Peter Brückner here. I'm helping Mr Morgan out this week. Sparrow Technologies are giving us problems – at least, they say they have problems.

P. Hallo, Roy McLeod? Hier Peter Brückner. Ich assistiere Mr Morgan diese Woche. Wir haben Probleme mit Sparrow Technologies – zumindest sagen sie, dass sie Probleme hätten.

R. Are you dealing with Thomson?

R. Haben Sie es etwa mit Mr Thomson zu tun?

P. That's him, the company accountant. He has called several times, and frankly he's getting on Mr Morgan's nerves. Can you call round and try and sort things out.

P. Ganz genau, mit dem Buchhalter der Firma. Er hat schon mehrmals bei uns angerufen und, ehrlich gesagt, geht er Mr Morgan schon ziemlich auf die Nerven. Können Sie mal vorbeischauen und versuchen, das zu regeln?

R. I've been round there several times, didn't he tell you? The man is impossible, he can't operate a computer and he doesn't seem able to read. I helped him install Accounting 2000 and within a week

R. Ich war doch schon mehrfach da, hat er Ihnen das nicht gesagt? Der Mann ist einfach unmöglich; er kann nicht mit Computern umgehen und offensichtlich nicht einmal lesen. Ich habe ihm dabei gehol-

the whole system was down! But I'll give him a call - I hope I can do all this on the phone. He's got a fierce temper ...

fen, Accounting 2000 zu installieren und innerhalb einer Woche ist das gesamte System zusammengebrochen! Aber ich werde ihn anrufen – ich hoffe, ich kann das über das Telefon regeln. Der Mann hat ein ziemlich unbeherrschtes Temperament ...

Train Yourself

Sie sprechen am Telefon mit einem sehr verärgerten Mr Thomson von Sparrow Technologies. **Wie würden Sie ihn beruhigen? Sie müssen Ihre Worte sehr sorgsam wählen!**

Hello, Mr Thomson! Yes, I *(realize, understand, sympathize, know)* you have problems, and that is why I am calling. I do *(state, reassure, confirm, tell, assure)* you that we are doing everything we *(are able, know how, can, find possible)* to *(come to, reach, find, score)* a solution. I'm *(afraid, sorry to say, disappointed, concerned)* it won't be easy, but I can *(say, tell, assure, promise, guarantee)* you we won't *(give up, rest, stop work, be happy)* until you are entirely *(pleased, happy, satisfied)*.

Do's and Don'ts

»Sound« advice!

A telephone conversation puts a safe distance between the callers, but never allow that to affect your tone - particularly if you are talking in English. In business dealings, remain correct and polite at all times, even when provoked by difficult clients. Never, ever put the phone down in anger! However difficult or confrontational the conversation, direct it to a correct close. Remember the German saying: »Der Klügere gibt nach«. Interestingly, the nearest English equivalent has a martial ring: »Discretion is the better part of valour«. So discretion please, even in the most difficult telephone situation!

Talk Talk Talk

(The bar of the Duke of Gloucester pub)
S. OK, what's yours, Peter?

(An der Bar vom Duke of Gloucester Pub)
S. Okay, was möchten Sie trinken, Peter?

P. No, it's my round, Steve.

P. Nein, diese Runde geht auf mich.

S. Well, mine's a pint of best bitter. Now, tell me how you're getting along with Jimmy?

S. Na schön, dann nehme ich ein Pint Best Bitter. Na, erzählen Sie mal, wie kommen Sie mit Jimmy zurecht?

P. Jimmy?

P. Jimmy?

S. Morgan. The old man!

S. Morgan. Der Alte!

P. Actually, he's very kind and helpful.

P. Eigentlich ist er sehr nett und hilfsbereit.

S. Well, I'm sure that's because you're being very kind yourself and helping him a lot!

S. Tja, das liegt sicher nur daran, dass Sie selber sehr freundlich sind und ihm viel Arbeit abnehmen!

P. I'm certainly helping him with the **work-load**. Phoning, sorting out problems over the phone - that kind of thing.

P. Ich nehme ihm wirklich etwas von seinem **Arbeitspensum** ab. Telefonieren, versuchen, Probleme über das Telefon zu lösen – so was in der Art.

S. Such as?

S. Zum Beispiel?

P. Well, I had to call this very difficult type in Glasgow ...

P. Na ja, ich musste diesen sehr schwierigen Typen in Glasgow anrufen ...

S. Don't tell me. Name of Thomson, perhaps!

S. Nichts sagen! Heißt der zufällig Thomson?!

P. Yes. Fortunately, I was able to hand the problem on to McLeod.

P. Ja. Zum Glück konnte ich das Problem an McLeod weitergeben.

S. McLeod can handle him. Thomson's our most difficult customer, and he doesn't like to sign a cheque!

S. McLeod kommt schon mit ihm klar. Thomson ist unser schwierigster Kunde und er schreibt nur sehr ungern Schecks aus!

P. That's the message I got from Mr Morgan.

P. Genau das hat Mr Morgan auch durchblicken lassen.

S. Well, you're learning, my boy! Another?

S. Tja, da lernen sie ja einiges, mein Junge! Noch eine Runde?

P. Good lord, no! I'm due back in the office in five minutes.

P. Gott bewahre, nein! Ich muss in fünf Minuten zurück im Büro sein.

S. Well, you're really a management type now. Has Jimmy given you a **pager** yet?

S. Meine Güte, Sie sind ja schon ein richtiger Manager-Typ. Hat Jimmy Ihnen schon einen **Piepser** gegeben?

P. A pager?

P. Einen Piepser?

S. Joking, Peter, joking! If Jimmy wants you you'll hear your mobile ringing frantically. He hasn't invested in pagers yet, thank goodness!

S. Das sollte nur ein Scherz sein, Peter! Wenn Jimmy etwas von Ihnen will, werden Sie schon hören, wie Ihr Handy hektisch klingelt. Er hat bis jetzt noch kein Geld für Piepser ausgegeben, Gott sei Dank!

P. Well, he did mention something about »pagers«.

P. Na ja, er erwähnte mal irgendetwas über »Piepser«.

S. Oh, no! Spare me that! I some-

S. Oh, nein! Ersparen Sie mir das!

times long for the old days when you just left a number where you could be reached ...

Ich sehne mich manchmal nach den alten Tagen zurück, als man nur eine Nummer hinterließ, unter der man erreichbar war ...

Train Yourself

Devious devices

Wie nennt man ...

- a device for taking messages which you can play back at your leisure? ....
- a device with which you can hold a conversation with somebody else who can be thousands of miles away or just around the corner? ....
- device on which you can be reached over short distances? ....
- an office installation for taking several different phone-calls simultaneously? ....
- a portable device for making and receiving calls? ....

Background Information

Pager? A pager – or a »beeper« – is a device which is carried by a person who must be reachable at all times – a doctor in a hospital, for instance, or the manager of a hotel. It emits a beep or other sound to alert the person carrying it that he or she is required. It is a »one-way« transmission device with a panel showing the number of the person calling. It normally has a limited range – within a building or, at most, a city block.

Talk Talk Talk

(James Morgan's office)
P. I'm sorry I'm late back from lunch, Mr Morgan.

(James Morgans Büro)
P. Tut mir Leid, wenn ich meine Mittagspause etwas überzogen habe, Mr Morgan.

J. That's all right, Peter. Ask Lucy to get some tea ready and then let's get down to work ... I'd like you to take over the Accounting 2000 program for the next few days. We're having quite a lot of problems with it, chiefly because it does seem to be quite difficult to install.

J. Schon in Ordnung, Peter. Bitten Sie Lucy doch, uns etwas Tee zu kochen und dann machen wir uns an die Arbeit ... Ich hätte gern, dass Sie sich in den nächsten paar Tagen um das Accounting 2000-Programm kümmern. Wir haben einige Probleme damit, besonders, weil es schwer zu installieren zu sein scheint.

P. Well, that certainly was Thomson's problem in Glasgow, but McLeod's working on it.

P. Tja, das war definitiv Thomsons Problem in Glasgow, aber McLeod arbeitet daran.

J. There are two Scots together. At least they're speaking the same language – or the same accent, that is!

J. Na, zwei Schotten auf einem Haufen. Wenigstens sprechen sie dieselbe Sprache – oder wenigstens denselben Dialekt!

P. I've looked at the installation instructions, and I must confess I had problems following them. Perhaps it's because they are written by the American **manufacturers**. They seem to assume a high degree of computer literacy.

P. Ich habe selber einmal einen Blick in die Installations-Anleitung geworfen und ich muss zugeben, dass ich Probleme hatte, ihr zu folgen. Vielleicht liegt es daran, dass sie von den amerikanischen **Herstellern** geschrieben wurde. Die scheinen es dort gewohnt zu sein, ganz selbstverständlich Fachbegriffe aus dem Computerbereich zu verwenden.

J. My, Peter! And you have assumed a high degree of English literacy since you have been with us! Congratulations!

J. Meine Güte, Peter! Und Sie benutzen seit Sie hier sind ganz selbstverständlich Fachbegriffe aus der englischen Sprache. Kompliment!

P. I must thank you and my colleagues here if that is the case. I certainly feel very much at home in the English language now.

P. Wenn das wirklich so ist, verdanke ich das Ihnen und meinen Kollegen hier. Ich fühle mich mittlerweile in der englischen Sprache wirklich zu Hause.

J. So tell me – **how do we go about tackling the** Accounting 2000 **problems**?

J. Also sagen Sie mir – **wie nehmen wir die Probleme** mit Accounting 2000 **am besten in Angriff**?

P. I think the best way would be to **assign** one of our computer staff to install each system personally. It will stretch the department and add to costs. But, in the end, I think it will benefit ERGO, in terms of **time, expense and customer-relations**.

P. Ich glaube, der beste Weg würde es wohl sein, wenn wir einen Angestellten aus unserer Computer-Abteilung dazu **abstellen** würden, jedes System persönlich zu installieren. Das wäre natürlich eine zusätzliche Belastung für die Abteilung und würde das Budget strapazieren. Aber ich glaube, letztendlich würde ERGO davon profitieren – im Sinne von **Zeitersparnis, Kosten und Kundenbeziehungen**.

J. I think you're right. Can I leave that in your hands? It will mean calling all our salesmen to alert them to what we intend to do.

J. Ich glaube, Sie haben Recht. Kann ich das Ihnen übertragen? Es würde bedeuten, dass wir alle unsere Verkäufer sofort darüber informieren müssten, was wir vorhaben.

P. McLeod should be installing Thomson's system right now and he'll call me back. I'll phone the

P. McLeod sollte in diesem Moment schon dabei sein, das System von Mr Thomson zu installieren und

others right away, and I'll follow up the calls with a **memo**.

danach wird er mich zurückrufen. Ich werde die anderen sofort anrufen und anschließend noch ein **Memo** verschicken.

Train Yourself

Setzen Sie die richtige Form des Verbs »to call« ein:

I __________ him yesterday but he wasn't there.
They told me he __________ although I had instructed him not to.
He said he __________ tomorrow.
I would __________ if I had only known.
I wonder if she __________ tomorrow.
He __________ his mother every Sunday.
Do you think I shall disturb her if I __________ tomorrow?
She __________ constantly to find out if he is here.
If I inquire tomorrow I wonder if she __________.
She __________ always __________ at this time in the past.
If I __________ tomorrow do you think he will be at home?
I am __________ to see how you are.
If I __________ at the agreed time do you think he would have answered?
If I __________ now do you think he will be at home?

Talk Talk Talk

(Peter's office)
P. Hello, is Mr Burnes there, please? He's out? Oh, I'm speaking to Mrs Burnes? It's Peter Brückner of ERGO here. How are you? Could you ask your husband to phone me when he gets back, please? No, wait a minute, **don't bother** –

(Peters Büro)
P. Hallo, ist Mr Burnes zu sprechen? Er ist außer Haus? Oh, spreche ich mit Mrs Burnes? Hier spricht Peter Brückner von ERGO. Wie geht es Ihnen? Könnten Sie Ihren Mann bitten, dass er mich zurückruft, wenn er wieder nach

I'll call him on his mobile. **I'm sorry to have bothered you**. Goodbye ...
Hello, Geoff Burnes? Hi, it's Peter Brückner here. I thought I'd call you first just to **put you in the picture** regarding a **policy change** here. Since you're working on a contract right now, I thought you should know what's going on. If you get around to discussing a contract with Metropolitan Newspapers would you mention that ERGO will assign a computer specialist to install the software and stay on the job just as long as it takes **to break the system in**?

Hause kommt? Nein, warten Sie, **machen Sie sich keine Mühe** – ich rufe ihn einfach auf seinem Handy an. **Bitte entschuldigen Sie die Störung**. Auf Wiederhören ...
Hallo, Geoff Burnes? Hi, hier spricht Peter Brückner. Ich dachte mir, ich rufe Sie erst einmal an, um Sie über eine kleine **Änderung unserer Geschäftspraktik ins Bild zu setzen**. Da Sie gerade an einem Vertragsabschluss arbeiten, dachte ich mir, Sie sollten wissen, was vor sich geht. Falls Sie über einen Vertragsabschluss mit Metropolitan Newspapers verhandeln sollten, würden Sie dann bitte auch erwähnen, dass ERGO einen Computerspezialisten abstellen wird, der die Software installiert und so lange dabei bleibt, wie es dauert, um **das System in Betrieb zu nehmen**?

G. Sure, it's a good idea, obviously. But do we have the **manpower**?

G. Sicher. Das ist eine gute Idee. Aber haben wir dazu genug **Leute**?

P. Mr Morgan assures me that we'll make sure we have the staff to do the job.

P. Mr Morgan hat mir versichert, dass wir dafür sorgen werden, genug Personal zu haben, um diese Aufgabe zu bewältigen.

G. I called him a couple of days ago to report on the Metropolitan Newspapers assignment. I'm getting nowhere fast.

G. Ich habe ihn vor ein paar Tagen angerufen, um ihm einen Bericht über die Verhandlungen mit Metropolitan Newspapers abzugeben. So schnell werde ich da wohl nicht weiterkommen.

P. What seems to be the trouble?

P. Wo liegt denn das Problem?

G. There's a lot of scepticism that I can't **break down**. At first, they were **all ears**. But then there was a change at the top and I can't get near the new governor.

G. Sie haben eine Menge Zweifel, die ich nicht **zerstreuen** kann. Zuerst waren Sie **ganz Ohr**. Aber dann gab es einen Wechsel in der Führungsspitze und ich komme einfach nicht an den neuen Governor heran.

P. Governor?

P. Governor?

G. The boss - the Managing Editor. He just doesn't seem to talk my language.

G. Den Boss – den Herausgeber. Er und ich – wir scheinen einfach nicht dieselbe Sprache zu sprechen.

P. You have other assignments, don't you?

P. Sie haben doch noch andere Aufgaben, oder?

G. **You bet!** I'm busy with the accounting program and at least there I can report some progress.

G. Na, **darauf können Sie wetten**! Ich bin sehr aktiv, was das Buchhaltungs-Programm angeht und wenigstens da kann ich einige Erfolge melden.

P. Then **back off** the Metropolitan Newspapers assignment for now. I'll have a chat with Mr Morgan about it.

P. Dann **stellen Sie** die Verhandlungen mit Metropolitan Newspapers fürs Erste **zurück**. Ich werde mich mit Mr Morgan darüber unterhalten.

G. Gladly. Call me and tell me what he says.

G. Aber gern. Rufen Sie mich an, und erzählen Sie mir, was er darüber sagt.

P. I'll do that. Expect a call from me tomorrow morning at the latest. Will you be at home?

P. Das mache ich. Sie können spätestens morgen früh mit einem Anruf von mir rechnen. Werden Sie da zu Hause sein?

G. If I'm not try me on my mobile, or leave a message with my wife.

G. Falls nicht, versuchen Sie es einfach auf dem Handy oder hinterlassen Sie meiner Frau eine Nachricht.

Train Yourself

1. Sie müssen einen Verkäufer anrufen, um ihn über eine Änderung der Verkaufstaktik zu informieren. **Bringen Sie die folgenden Sätze in die richtige Reihenfolge und füllen Sie die Lücken, um den Text zu einem verständlichen Gespräch zu machen.**

He has decided on a new sales practice. Mr Morgan asked me to __________ you. Mr Morgan wants you to __________ Metropolitan Newspapers and __________ them that they can expect a complete service package. Hello, is that Geoff Burnes? That means a computer specialist will spend just as long with them as they need. Can you __________ me back to tell me how you get on? Until now, we offered only to install the system. He has already __________ Metropolitan Newspapers to __________ them that you will be __________. Mr Morgan is worried about increasing complaints concerning the difficulty of operating the system.

2. Sie erstatten James Morgan einen Rückbericht über Ihr Telefonat mit Geoff Burnes. **Wählen Sie Ihre Worte sorgfältig – in jeder Gruppe befindet sich mindestens ein »Außenseiter«. Finden Sie die Eindringlinge und streichen Sie sie!**

(Hi. how do you do?, good morning, good day) Mr Morgan!
I *(rang, called, contacted, got through to, found)* Geoff Burnes, and *(informed him of, told him about, described, talked about, reported on)* the new sales initiative you have *(decided on, drawn up, dreamt up).*
He finds the idea *(very interesting, of considerable use, exciting, very useful).*
But he would *(like, welcome, wish for, appreciate)* more information. Will you be *(calling, ringing, contacting, buzzing)* him?
Or shall we put it *(in words, in writing, in written form, on paper)* and *(fax it, send it by fax, put in the fax machine, use the fax)*?
He's *(waiting, standing by, sitting, holding, impatient)* for a reply. Shall I *(contact, call, ring, telephone)* him back?

Talk Talk Talk

(Peter's office. Melissa enters)
M. Good morning, Peter. How are you getting along in **the hot seat**?

(Peters Büro. Melissa tritt ein)
M. Guten Morgen, Peter. Na, wie ist es, **im Rampenlicht zu arbeiten**?

P. I'm tempted to say **it's not so hot**. I've run into my first difficulty.

P. Ich bin fast versucht zu sagen, **es ist gar nicht so schlimm**. Ich bin auf mein erstes Problem gestoßen.

M. Already?

M. Schon?

P. I called Geoff Burnes, and I've had to **take him off one job**. Mr Morgan isn't around so I can't **clear it** with him, but I feel we have to act quickly here if we want to secure that Metropolitan Newspapers contract.

P. Ich habe gerade Geoff Burnes angerufen und ihn von einem **Auftrag abgezogen**. Mr Morgan ist nicht im Büro, also kann ich die Sache nicht mit ihm **abklären**, aber ich habe das Gefühl, dass wir schnell handeln müssen, wenn wir diesen Vertrag mit Metropolitan Newspapers noch unter Dach und Fach bringen wollen.

M. What's Geoff doing wrong?

M. Was macht Geoff denn falsch?

P. Seems to be a personality problem. He can't **establish any rapport with** the man who'll decide for Metropolitan, the new **managing editor**.

P. Das scheint ein Problem mit der persönlichen Chemie zu sein. Er kann keinen **Draht zu** dem Mann **finden**, der jetzt für Metropolitan die Entscheidungen trifft, dem neuen **Herausgeber**.

M. Geoff's a good **sales rep**, but he can be abrasive. He's got enough **on his plate** anyway, hasn't he?

M. Geoff ist ein guter **Außendienstmitarbeiter**, aber er hat seine Ecken und Kanten. Jedenfalls hat er **schon genug am Hals**, oder?

P. Exactly. I told him to concentrate on the accounting system contracts. But I honestly don't know what to do about Metropolitan. Steve's on a **business trip** to the West Country. And Mr Morgan's off for the next three days. Shall I call him at home?

P. Ganz genau. Ich habe ihm gesagt, er soll sich besser auf die Verträge mit unserem Buchhaltungssystem konzentrieren. Aber ehrlich gesagt habe ich keine Ahnung, was wir mit Metropolitan anfangen sollen. Steve ist auf **Geschäftsreise** ins West Country. Und Mr Morgan hat die nächsten drei Tage frei. Ob ich ihn zuhause anrufen sollte?

M. **At your peril**, Peter! He's playing golf and then he hates to be disturbed. You can't reach him anyway – mobile phones are banned from the golf course.

M. **Auf eigenes Risiko**, Peter! Er spielt Golf und hasst es, dabei gestört zu werden. Sie können ihn sowieso nicht erreichen – Handys sind auf dem Golfplatz nicht zugelassen.

P. Then what shall I do?

P. Was soll ich dann tun?

M. You're his **stand-in**, Peter. It's your decision. But, if I were you, I'd take over the Metropolitan assignment myself. Give the Managing Editor a call. He can hardly refuse to take it. In Geoff's vocabulary, **get your foot in the door**! There's the telephone! Now **do your stuff**!

M. Sie sind seine **Vertretung**, Peter. Es ist Ihre Entscheidung. Aber an Ihrer Stelle würde ich mich selbst um den Metropolitan-Vertrag kümmern. Rufen Sie den Herausgeber an. Er kann sich kaum weigern, Ihren Anruf entgegen zu nehmen. Wie Geoff es sagen würde: **Versuchen Sie, einen Fuß in die Tür zu bekommen!** Da steht das Telefon! Also **tun Sie, was Sie tun müssen**!

Train Yourself

1. Peter arbeitet allein an Lucys Schreibtisch, während sie Mittagspause macht. Das Telefon klingelt, Peter nimmt ab. **Können Sie ihm helfen, den Anruf zu bewältigen, indem Sie die richtigen Wörter oder Ausdrücke aussuchen?**

Hello, ERGO Limited! Can I help you? You'd like to *(speak to, address, talk to)* Mr Blackman? I'll see if he's *(at his desk, in, at work)*.
I'm sorry, there's no *(response, reply, call back)*. He must be *(out, away, not at work)*. Or perhaps he's in another office. Shall I try another *(number, line, contact)* or would you like to *(wait, hang on, hold)*? You could leave a *(word, statement, message)* with me, if you *(prefer, like, desire)*. Right, I'll tell him to *(respond, get back, call back)*. Could you please give me your *(address, extension, number)*?

2. Finden Sie einfache Verben mit vergleichbarer Bedeutung!

to use the telephone ....
to be connected with somebody on the telephone ....
to wait while the operator tries to reach a number ....
to end a telephone conversation ....
to respond to the ringing of a telephone ....
to activate a telephone in order to reach a number ....

Talk Talk Talk

(Peter's Office)
P. Hello! **Is that** Metropolitan Newspapers? Could you put me through please to the Managing Editor's Secretary. The line is busy. I'll wait, then ... **The line is still engaged? Then I'll call back later. What time would you suggest?** Good, perhaps you would be good enough to tell Mr Fothergill I called. It's Peter

(Peters Büro)
P. Hallo! **Bin ich verbunden** mit Metropolitan Newspapers? Könnten Sie mich bitte mit der Sekretärin des Herausgebers verbinden? Die Leitung ist besetzt. Schön, ich warte ... **Die Leitung ist immer noch besetzt? Dann rufe ich später noch einmal an. Welche Uhrzeit würden Sie denn vorschlagen?**

Brückner of ERGO Limited. I'm calling concerning the software program we introduced to Mr Fothergill. He'll know all about it. Just inform Mr Fothergill that I shall be calling back in an hour or two. Thank you!

Gut, vielleicht sind Sie so nett und richten Mr Fothergill aus, dass ich angerufen habe. Mein Name ist Peter Brückner von ERGO Limited. Ich rufe wegen der Software an, die wir Mr Fothergill schon einmal vorgestellt haben. Er weiß schon Bescheid. Bitte richten Sie Mr Fothergill nur aus, dass ich in ein oder zwei Stunden noch einmal zurückrufe. Vielen Dank!

Train Yourself

1. Die Person, die Sie zu erreichen versuchen, ist gerade nicht verfügbar. Die Sekretärin geht ans Telefon. **Was tun Sie?**

- leave a message?
- say you'll call later?
- hang up?
- leave a message and say you'll call later?

2. Was hat Peter bei folgendem Telefongespräch vergessen zu erwähnen?

Hello, is Mr Fothergill there? No? I'll call back later, then. When should I call? Fine, I'll do that. Thank you.

Do's and Don'ts

If the person you wish to speak to is otherwise engaged or out of the office and you have to leave a message it's good form to give his or her secretary or representative an idea of the purpose of your call. When you finally succeed in reaching the person you wish to contact, he or she will be prepared for your call and will probably be better informed on the subject you wish to discuss. You'll save valuable time – and give a businesslike impression!

Talk Talk Talk

(Peter's office)
P. Hello, Peter Brückner here. Mr Fothergill? **That's very kind of you indeed to call back personally.** I was about to call you. I hope your secretary told you the purpose of my call. Good. **I really am very concerned** that you are having doubts about our Quick-Ed copy-editing program. We have decided to assign a computer expert from our technical staff to accompany clients closely through installation and familiarization. The details are slightly complicated to explain on the telephone, and I'll gladly fax you our memorandum ...

(Peters Büro)
P. Hallo, Peter Brückner hier. Mr Fothergill? **Es ist sehr nett von Ihnen, persönlich zurückzurufen.** Ich wollte Sie gerade selber anrufen. Ich hoffe, Ihre Sekretärin hat Ihnen gesagt, warum ich angerufen habe. Gut. **Ich bin wirklich sehr bestürzt** darüber, dass Sie Zweifel an unserer Quick-Ed Redaktions-Software haben. Wir haben uns dazu entschlossen, jedem Kunden einen Computerexperten unserer Technischen Abteilung zur Seite zu stellen, bis die Installation abgeschlossen ist und die Käufer mit dem Umgang vertraut sind. Die Details sind am Telefon etwas schwer zu erklären, aber ich faxe Ihnen gerne unser Memorandum ...

Train Yourself

Sie müssen anhand kurzer Aufzeichnungen, die Sie bei einer Besprechung gemacht haben, eine Aktennotiz erstellen. **Wie sieht die endgültige Fassung der Notiz aus?**

Quick-Ed program. Who interested? Installation. Who responsible? Advantages, drawbacks, complaints? Decisions: install at Metropolitan Newspapers, assign Ken Allington, chief computer analyst, to supervise installation/familiarization. Length of assignment? Depends on difficulties of acquainting Metropolitan staff with system. Costs/pricing? Subject of negotiations with Metropolitan. Next meeting: Tuesday, August 24.

....

....

....

Talk Talk Talk

(Peter's office)
P. Hello! Peter Brückner speaking. Mr Fothergill? Did you get my fax? Good. Do you have any questions? You want to see me personally? When? Oh dear, I'll have to clear this with Mr Morgan and Mr Burnes. You don't want anything to do with Mr Burnes? Well, this is all very delicate. But I'll certainly have to speak to Mr Morgan. He's back on Monday. I can let you have a firm reply on Tuesday. Can I call you then? Good, until Tuesday, then ...

(Peters Büro)
P. Hallo, hier Peter Brückner. Mr Fothergill? Haben Sie mein Fax bekommen? Gut. Haben Sie Fragen dazu? Sie würden mich gern persönlich sprechen? Wann? Meine Güte, das muss ich erst mit Mr Morgan und Mr Burnes abklären. Sie wollen mit Mr Burnes nichts zu tun haben? Tja, das ist eine heikle Situation. Aber ich werde auf jeden Fall mit Mr Morgan sprechen müssen. Er ist Montag wieder im Büro. Ich kann Ihnen am Dienstag eine verbindliche Antwort geben. Kann ich Sie dann wieder anrufen? Gut, dann bis Dienstag ...

(Melissa enters)
Melissa, that was Fothergill of Metropolitan. He wants to talk to me personally about that Quick-Ed offer.

(Melissa tritt ein)
Melissa, das war Fothergill von Metropolitan. Er möchte mit mir persönlich über unser Quick-Ed-Angebot sprechen.

M. That will mean a trip to Nottingham – your first **venture into the field**.

M. Das bedeutet eine Geschäftsreise nach Nottingham – Ihr erster **Außendiensteinsatz**.

P. I know, and I'm not too happy about the prospect!

P. Ich weiß, und ich bin nicht begeistert über diese Aussicht!

Train Yourself

1. Sie müssen selbst die Vorbereitungen für eine Geschäftsreise treffen. Als Erstes müssen Sie ein Hotelzimmer buchen. **Wie gehen Sie es an?**
Hello, is that the Hotel Astoria? I *(want, need, would like, request)* a room for the night of August 25. Yes, a single. You only have *(doubles, double-occupancy, two-person rooms)*? What is the extra charge for single *(use, occupancy, person-use)* of a double room? That's fine. I plan to *(come, arrive, get there, turn up)* on the afternoon of August 25.
Is dinner included in the room *(charge, fee, rate)*? Then I would like to *(have, occupy, reserve, take)* a table for myself and a business colleague. Does the hotel *(possess, claim, have)* a bar? And what other *(facilities, amenities, advantages, attractions)* does the hotel have?

2. Als Nächstes müssen Sie ein Auto mieten.

Hello, is that Star Hire? I would like to *(rent, have, hire, reserve)* a car for two days, August 24 and 25. Group two, please. What is your *(price, rate, fee, charge)* for that group? Does that *(mean, include, exclude, encompass)* tax and insurance? It's the *(complete, inclusive, all-in)(charge, fee, price, rate)*? Then please *(proceed, go ahead, carry on)* and *(book, reserve, keep, retain)* a group two car for me for those two days. I'd like to *(take delivery of, pick up, collect, drive off) the car at 11 AM. Shall I (send a fax to, fax, use a fax to)* you with *(a statement, confirmation, details)*? Then I'll *(ring, buzz, call, come through)* if I'm delayed. Otherwise, I shall be there *(on time, promptly, in time).*

Talk Talk Talk

(Peter's office)
P. Steve? Oh, thank goodness I've managed to reach you. Fothergill of Metropolitan Newspapers wants to meet me personally to discuss the Quick-Ed program. He doesn't want to deal with Burnes, apparently.

(Peters Büro)
P. Steve? Oh, Gott sei Dank, endlich erreiche ich Sie. Fothergill von Metropolitan Newspapers will mich persönlich treffen, um über unser Quick-Ed-Programm zu reden. Offensichtlich will er auf keinen Fall mit Burnes verhandeln.

S. Well, I can understand that Burnes may not **be his cup of tea**, I'd go myself, but I have a lot still to do down here. How soon does Fothergill want to meet you?

S. Tja, ich kann verstehen, dass er und Burnes **nicht auf einer Wellenlänge liegen**. Ich würde ja selber gehen, aber ich habe hier einfach zu viel zu tun. Wie bald will Fothergill Sie denn sehen?

P. Right away, he told me on the phone. Should I go up to Nottingham?

P. Am besten sofort, hat er mir am Telefon gesagt. Soll ich nach Nottingham hochfahren?

S. I don't think we've got any alternative. Get Lucy to **make the arrangements**. Good luck! You'll be OK.

S. Ich glaube nicht, dass uns eine Wahl bleibt. Lassen Sie von Lucy alle **Vorbereitungen treffen**. Viel Glück! Sie schaffen das schon.

P. Well, I'll do my best, but don't expect miracles!
Lucy, I have to make a business trip to Nottingham. Could you help me with the arrangements? Could you call and reserve a hotel for me, and also a hire-car?

P. Ich tue mein Bestes, aber erwarten Sie keine Wunder!
Lucy, ich muss auf eine Geschäftsreise nach Nottingham. Könnten Sie mir bei den Vorbereitungen helfen? Könnten Sie herumtelefonieren und mir ein Hotelzimmer und einen Wagen mieten?

L. Certainly, Peter. You look a bit nervous – let me make you a nice cup of tea and then you leave all the arrangements to me.

L. Aber sicher, Peter. Sie sehen ein wenig nervös aus – lassen Sie mich Ihnen ein schönes Tässchen Tee kochen und überlassen Sie mir alle Vorbereitungen.

P. That's very kind of you, Lucy. I have to make a few calls myself and it would help if you could get me a hotel room and a car.

P. Das ist sehr nett von Ihnen, Lucy. Ich muss selber ein paar Anrufe erledigen und es würde mir sehr helfen, wenn Sie sich um ein Hotel und einen Wagen kümmern würden.

Vocabulary

accounts	Rechnungsstelle
all ears	ganz Ohr
to assign sb.	jdn. zu etw. abstellen
at your peril	auf eigene Gefahr
au fait	vertraut
to back off	zurückstellen
to be (my, your, his, her) cup of tea	auf einer Wellenlänge liegen; gut miteinander auskommen
bean-counters	Erbsenzähler (abfällig)
to break a system in	ein System in Betrieb nehmen
to break down	hier: zerstreuen, aus der Welt schaffen
to break in	einarbeiten
to clear sth.	etw. abklären
customer-relations	Kundenbeziehungen
Do your stuff!	hier: tun Sie, was Sie tun müssen/ für was Sie bezahlt werden!
expense	Kosten
to get down to business	zum Geschäft kommen
(the) hot seat	etwa: brenzlige Position (im Geschäftsbereich)
in a jiffy	im Handumdrehen
into the field	in der Praxis (hier besonders: im tatsächlichen Außendienst)
to make arrangements	Vorbereitungen treffen
managing editor	Herausgeber
manpower	Arbeitskraft/-kräfte; Mitarbeiter
manufacturers	Hersteller
memo	Memo
not so hot	nicht so toll (umgangssprachlich)
on his plate	auf sein Konto (gehen)
on the hop	in Nullkommanichts
pager/beeper	Piepser
paperwork	Papierkram
payment agreement	Zahlungsbedingungen

pecking order	Rangordnung
projection	Prognose
to put in the picture	ins Bild setzen, auf den neuesten Stand bringen
round-up	Zusammenstellung (eigentlich: Zusammentreiben von Vieh)
sales representative	Außendienstmitarbeiter
to settle for	sich zufrieden geben mit
stand-in	Vertretung
to take a message	eine Nachricht entgegennehmen
to take sb. off a job	jdn. von etw. abziehen
to talk through	einweisen; erklären
to tally	zusammen-, abrechnen; übereinstimmen
You bet!	Darauf können Sie/ kannst du wetten!

On a business trip
Auf Geschäftsreise

Here we go

Peter macht sich auf seine erste Geschäftsreise. Er wird auf eigene Faust ein Verkaufsprojekt in Nottingham übernehmen. Trotz mangelnder Erfahrung gelingt es Peter mit großem persönlichen Einsatz zu einem erfolgreichen Abschluss zu kommen. Mr Morgan, Steve und vor allem Melissa sind stolz auf ihn und gratulieren. Und zu guter Letzt gibt Melissa noch ihr bestgehütetes Geheimnis preis ...

Talk Talk Talk

(Peter's Office. Melissa enters)

M. Well, Peter, you're off on your Nottingham trip today. How do you feel?

P. Nervous! Everything is **arranged**, though. I've called to **confirm** my meeting with Fothergill, and I've called to confirm my hotel room. The car is waiting to be picked up.

M. When do you expect to be back?

P. The day after tomorrow. But I'll call to tell you when to expect me.

M. Well, I wish you all the luck in the world!

(Peters Büro. Melissa tritt ein)

M. Nun, Peter, heute steht Ihre Reise nach Nottingham an. Wie fühlen Sie sich?

P. Nervös! Obwohl alles **durchgeplant** ist. Ich habe noch einmal angerufen, um meinen Termin mit Fothergill **bestätigen** zu lassen. Dasselbe gilt für meine Zimmerreservierung. Das Auto steht abholbereit.

M. Was glauben Sie, wann Sie wieder zurück sind?

P. Übermorgen. Aber ich rufe an und sage Bescheid, wann Sie wieder mit mir rechnen können.

M. Tja, dann wünsche ich Ihnen alles erdenklich Gute!

P. Thanks, Melissa. That's kind of you. I'll probably need it.

P. Danke, Melissa. Sehr nett von Ihnen. Ich werde es wahrscheinlich brauchen.

M. Nonsense, you'll be all right. You know ERGO inside-out now. You'll be able to **manage** Fothergill.

M. Blödsinn, Sie schaffen das schon. Sie kennen ERGO jetzt in- und auswendig. Sie werden mit Fothergill schon **zurechtkommen**.

P. It's not really Fothergill I'm so worried about. It's the Quick-Ed system – I haven't had a lot of time to **acquaint myself** with it.

P. Es ist nicht einmal Fothergill, um den ich mir Sorgen mache – eher das Quick-Ed-System – ich hatte leider nicht viel Zeit, um mich damit **vertraut zu machen**.

M. But you'll have Duncan Wood from technical support to help you, I hear.

M. Aber Sie haben doch Duncan Wood von der Technischen Unterstützung dabei, damit er Ihnen helfen kann, habe ich gehört.

P. Yes, he's coming along tomorrow, after my first meeting with Fothergill. I've been trying to reach him on the phone, just to confirm the arrangements. You could really do me a favour if you tried to get him for me and ask him to call me at the hotel.

P. Ja, er kommt morgen dazu, nach meinem ersten Treffen mit Fothergill. Ich habe schon versucht, ihn telefonisch zu erreichen, um unsere Abmachungen zu bestätigen. Sie könnten mir wirklich einen großen Gefallen tun, wenn Sie versuchen würden, ihn zu erreichen und ihn zu bitten, mich im Hotel anzurufen.

M. Certainly, Peter. Anything else I can do?

M. Sicher, Peter. Kann ich sonst noch etwas tun?

P. Just **cross your fingers** for me!

P. **Drücken Sie mir die Daumen!**

Train Yourself

Peter ruft im Hotel an, um zu sagen, dass er spät ankommen wird. **Wie verläuft das Gespräch?**

Hello, is that the Hotel Astoria? Could you __________ me please with the reception desk. Reception desk? I'm __________ to say I shall be late arriving this evening. I asked my office to __________ a message with you, but they said they had difficulty __________ to you. Your telephone has been __________ order all day? No wonder my office couldn't __________ you. They thought the line was constantly __________. Is the __________ all right now? Does my room have an __________? I shall need to use the __________ a lot while I am staying at the hotel. Does my room have a direct __________? Can a caller from outside __________ straight through, without going __________ the switchboard? I need to reserve a table in your restaurant, so could you please __________ to the restaurant manager? Hello, is that the restaurant? I'm __________ to the beer cellar? But I asked to be __________ to the restaurant. Can you __________ me, please? The line is __________? Then I'll __________. But please __________ to the restaurant as soon as you can. I'm already running very late.

Background Information

Hotel practice. Hotels in Britain – and particularly in the United States – often demand a credit card number when a room is booked. Always state the approximate time you expect to arrive and call to inform the reception desk if you are delayed. Rooms not claimed after 6 PM can legally be relet by the hotel unless prior arrangements have been made. Rooms booked but not claimed can be charged at the full rate – deducted from the credit-card account of the »no-show«.

Talk Talk Talk

(Car-hire company office)

(Im Büro der Autovermietung)

P. Good morning! My office **has booked** a group two car for me for two days.

P. Guten Morgen! Mein Büro hat einen Wagen der Kategorie Zwei für zwei Tage für mich **gebucht**.

Clerk: May I have your name, sir?

Schalterangestellter: Sagen Sie mir bitte noch Ihren Namen, Sir?

P. Brückner. Peter Brückner, of ERGO Limited. My secretary called to make the booking.

P. Brückner. Peter Brückner von ERGO Limited. Meine Sekretärin hat den Wagen gebucht.

Clerk: Here we are! May I see your **driving licence**, sir, and some form of other identification?

Schalterangestellter: Da haben wir es ja! Dürfte ich bitte noch Ihren **Führerschein** und ein anderes Dokument sehen, das Ihre Identität bestätigt, Sir?

P. Here is my driving licence and my passport.

P. Hier sind mein Führerschein und mein Ausweis.

Clerk: Ah, you're German, sir! But your documents are European – they're fine. No problem. Just let me enter the details in the computer. There we are. The car is outside waiting for you, sir. Have a good journey ...

Schalterangestellter: Ah, Sie kommen aus Deutschland, Sir! Aber Sie haben EU-Dokumente – damit gibt es keine Probleme. Lassen Sie mich nur rasch die Details in den Computer tippen. Das war es schon. Der Wagen wartet draußen schon auf Sie, Sir. Gute Reise ...

P. Oh, would you do me a favour and call my office to tell them I have picked the car up. I'm in such a hurry I really don't have the time.

P. Oh, könnten Sie mir wohl einen Gefallen tun und in meinem Büro anrufen und Bescheid geben, dass ich den Wagen abgeholt habe? Ich

Here's the number. Ask for Miss Lucy Scott. She is the secretary who called you to make the reservation.

bin so in Eile, dass ich wirklich keine Zeit mehr habe. Hier ist die Nummer. Fragen Sie einfach nach Miss Lucy Scott. Sie ist die Sekretärin, die bei Ihnen angerufen und die Buchung gemacht hat.

Clerk: Certainly, sir. Glad to. All part of the service!

Schalterangestellter: Natürlich, Sir. Sehr gern. Das gehört alles zum Service!

Train Yourself

Multiple choice – **Welches Wort passt in die Lücken?**

Could I please ________ a message for Mr Morgan?
1. *make*
2. *give*
3. *leave*
4. *send*

Can I tell him who's ________?
1. *speaking*
2. *calling*
3. *talking*
4. *there*

Would you ________ Miss Walker that I'll call back.
1. *mention*
2. *message*
3. *tell*
4. *instruct*

I'll ________ the message to her.
1. *pass*
2. *give*
3. *send*
4. *hand*

You can reach me ______ the number I gave you.

1. *with*
2. *during*
3. *at*
4. *using*

Talk Talk Talk

(In the ERGO office. James Morgan enters)

(Im Büro von ERGO. James Morgan tritt ein)

L. Good heavens, Mr Morgan. We weren't expecting you back until next week!

L. Meine Güte, Mr Morgan. Wir hatten Sie vor nächster Woche gar nicht zurück erwartet!

J. The weather turned very nasty, Lucy, so I packed up and came home. I hate playing golf in the rain. Is everything all right? Are Melissa and Peter in?

J. Das Wetter wurde so schlecht, dass ich einfach meine Sachen gepackt habe und nach Hause gefahren bin, Lucy. Ich hasse es, Golf im Regen zu spielen. Ist hier alles in Ordnung? Sind Melissa und Peter da?

L. Miss Walker is, but Mr Brückner is on his way to Nottingham.

L. Miss Walker schon, aber Mr Brückner ist auf dem Weg nach Nottingham.

J. Nottingham?

J. Nottingham?

M. (enters) My, Mr Morgan! We didn't expect you until next week!

M. (tritt ein) Na so was, Mr Morgan! Wir hatten Sie vor nächster Woche gar nicht zurück erwartet!

J. Good morning, Melissa. I would have called, but I didn't have my mobile with me. I never carry it on golfing trips, as you know. What's this about Peter on his way to Nottingham?

J. Guten Morgen, Melissa. Ich hätte ja angerufen, aber ich hatte mein Handy nicht dabei. Ich nehme es nie auf meine Golf-Trips mit, wie Sie ja wissen. Was hat es damit auf sich, dass Peter auf dem Weg nach Nottingham ist?

M. He had to take a very **important decision** in a hurry, and he didn't want to break into your golf holiday. He wouldn't have been able **to get hold of** you, anyway.

M. Er musste in großer Eile eine **wichtige Entscheidung** treffen und er wollte Sie nicht während Ihres Golfurlaubs stören. Er hätte Sie ja sowieso **nicht erreicht**.

J. Well, that's true enough. Now come into my office and tell me what all this is about ...

J. Tja, das stimmt allerdings. Kommen Sie doch mit in mein Büro und erklären Sie mir, was überhaupt los ist ...

Train Yourself

1. Ersetzen Sie die fehlenden Wörter anhand der Liste, die Sie unter der Übung finden.

I tried to ________ you yesterday, but your phone seemed to be ________. I'm calling today to ________ that we shall be able to come to dinner, after all. James managed to ________ his parents and ________ them that we have to ________ our visit until next week. We had terrible trouble ________. When my mother is ________ the phone she ________ for hours. The line was constantly ________. No sooner had we ________ her and had a short ________ with her than she was ________ the phone again to a neighbour. I keep telling her she should ________ less time on the phone, but she then says that's her main ________ with the outside world.

getting through, reach, connection, spend, chat, engaged, out of order, on, got through to, talks, tell, postpone, say.

2. Setzen Sie das folgende Gespräch in die indirekte Rede!

I'm calling to confirm that we shall be coming tomorrow. I have to find out the most convenient rail con-

She said ....
....
....

nection. I think it will be easier and quicker to come by train than try the bus service. I called the bus station yesterday and discovered that we would have to change twice to get to you. I had always thought the bus service was much more efficient than that, but I was obviously wrong. What time do you expect us? Shall we bring anything? My aunt has given us some really good home-made wine, and we could bring a bottle or two. Ask Tom and then give me a call back. I really look forward to the evening. Who else will be there? I hope you have not invited the Smiths. I can't stand Nancy Smith. If they are coming then please put me at the other end of the table! And please seat me away from my dreadful husband - all he can talk about these days is the Stock Exchange ...

....

Talk Talk Talk

(James Morgan's office)
J. Lucy! Do you have the number of Peter's hotel?

(James Morgans Büro)
J. Lucy! Haben Sie die Nummer von Peters Hotel?

L. Yes, shall I call it for you?

L. Ja, soll ich für Sie dort anrufen?

J. Yes please!

J. Ja, bitte!

L. I **have** the Hotel Astoria **on the line**.

L. Ich **habe** das Hotel Astoria **in der Leitung**.

J. Is that the reception? Good. Could you put me through please

J. Ist dort die Rezeption? Gut. Bitte verbinden Sie mich mit dem

to Mr Brückner's room? He hasn't arrived yet? Then could I leave a message for him, please? He should phone me at the office or at home. James Morgan is the name. **Please make sure he gets the message**. It is very important. Thank you!

Zimmer von Peter Brückner. Er ist noch nicht angekommen? Könnte ich dann bitte eine Nachricht für ihn hinterlassen? Er soll mich im Büro oder zu Hause anrufen. Mein Name ist James Morgan. **Bitte sorgen Sie dafür, dass er diese Nachricht bekommt.** Es ist wirklich sehr wichtig. Vielen Dank!

(Melissa enters)
M. I **couldn't help** overhearing your call. I hope Peter did the right thing.

(Melissa tritt ein)
M. **Ich kam nicht darum herum**, Ihr Gespräch mitzuhören. Ich hoffe, Peter hat das Richtige getan.

J. Of course! He showed great initiative. I just want to call him to help him prepare for tomorrow's meeting with Fothergill.

J. Natürlich! Er hat eine großartige Initiative an den Tag gelegt. Ich wollte nur mit ihm telefonieren, um ihm dabei zu helfen, sich auf das morgige Treffen mit Fothergill vorzubereiten.

M. He did seem very nervous.

M. Er schien ziemlich nervös zu sein.

J. And that's just what he shouldn't be at a meeting like this. If I can do it on the phone, I'd like to try and **boost his confidence**.

J. Und genau das sollte er bei so einem Meeting nicht sein. Wenn es über das Telefon überhaupt möglich ist, würde ich **sein Selbstvertrauen** gern etwas **aufbauen**.

M. Well, you're certainly the person to do that, James.

M. Tja, wenn das jemand kann, dann sicherlich Sie, James.

J. Frankly, I think you're better equipped. He seems to have **taken a real shine to** you, Melissa!

J. Ehrlich gesagt glaube ich, dass Sie dafür besser geeignet sind. Er scheint **einen Narren an Ihnen gefressen zu haben**, Melissa!

M. Oh, God - there's my phone. **Saved by the bell!**

M. Oh, Gott – mein Telefon klingelt. **Rettung in letzter Sekunde!**

Train Yourself

Setzen Sie in den folgenden Sätzen die richtige Präposition ein!

She has been ________ the phone for a very long time. When she's finally ________ the phone, could you please put me ________.
Would you like to hang ________? As soon as she has hung ________ I'll try and get her ________ the line.
He's finally ________ the phone in his new house. Now he's rarely ________ the phone, his line is constantly engaged.
Would you like to hold ________? Mr Morgan is still ________ the phone. When he hangs ________ I'll tell him you are waiting ________ the other line.
________ the start of our phone conversation I didn't realize who you were. Can you really feed all that information ________ the line. Wouldn't it be easier to put it ________ a fax? ________ the end of our chat on the phone I felt I knew him much better.

in, on, off, up, at, through, down.

Talk Talk Talk

(Peter's hotel)

P. Hello, Mr Morgan? You asked me to call. I would have called you anyway, but I've just arrived at the hotel.

(Peters Hotel)

P. Hallo, Mr Morgan? Sie haben mich gebeten, Sie zurückzurufen. Ich hätte auf jeden Fall noch angerufen, aber ich bin gerade erst im Hotel angekommen.

J. That's all right, Peter. I just wanted to talk to you about tomorrow's meeting with Fothergill.

J. Schon in Ordnung, Peter. Ich wollte nur mit Ihnen über das morgige Treffen mit Fothergill reden.

P. I hope you didn't mind my going ahead and travelling up here. It did appear to be an urgent matter.

P. Ich hoffe, Sie haben nichts dagegen, dass ich auf eigene Faust hier hochgefahren bin. Es schien mir eine sehr dringende Angelegenheit gewesen zu sein.

J. You're right. You did the right thing. I just want to make sure you are **adequately briefed**.

J. Sie haben völlig Recht. Sie haben genau das Richtige getan. Ich wollte nur sicher gehen, dass Sie **angemessen vorbereitet** sind.

P. I have all the information with me, and I shall spend this evening **swatting up** on it.

P. Ich habe alle nötigen Informationen mitgenommen und ich werde den Abend damit verbringen, sie zu **büffeln**.

J. If you have any questions at all, call me at any time – either on my home number or on my mobile.

J. Wenn Sie noch irgendwelche Fragen haben, rufen Sie mich jederzeit an – entweder zu Hause oder über mein Handy.

Train Yourself

Welche Wörter passen in die Lücken?

I'm calling to __________ a room for the night of August 24. Do you have a __________?
Yes, we have one single and one double still __________.
Could I __________ the single room?
Certainly, in whose name should I __________ the room?
Brückner. Peter Brückner.
When do you expect to __________?
I'm leaving London within the next hour and expect to __________ at the hotel by six o'clock.
We shall reserve the room for you until seven, just to be __________.

If you are ______ please ______ and inform us.
Certainly. Could I also ______ a table in the restaurant for two people?
What time would you like the table ______?
Eight o'clock. My business partner might ______ a little later than that. If he calls could you ______ him a message?
Certainly. What shall we ______ him?
That I have ______ a table in the restaurant for eight o'clock.

reserve, sure, give, book, reserved, vacancy, arrive, call, give, tell, delayed, available.

Talk Talk Talk

(Peter's hotel)	(Peters Hotel)
P. Hello, Mr Morgan? I'm sorry to disturb you, but I have one or two questions concerning tomorrow's meeting.	P. Hallo, Mr Morgan? Es tut mir Leid, Sie zu stören, aber ich habe ein oder zwei Fragen bezüglich des Meetings morgen.
J. Go ahead!	J. Schießen Sie los!
P. I've established that the Metropolitan Newspapers's main newsroom has more than twenty terminals. Will the system support so many?	P. Ich habe in Erfahrung gebracht, dass in der Hauptredaktion von Metropolitan Newspapers mehr als zwanzig Terminals im Einsatz sind. Unterstützt unser System so viele Computer?
J. No problem.	J. Kein Problem.
P. I presume the quoted price is for one system, but Metropolitan is a fairly large group, as you know. Do we offer **discounted prices for larger orders**?	P. Ich vermute, dass sich der angegebene Preis auf ein System bezieht, aber Metropolitan ist eine ziemlich große Gruppe, wie Sie ja wissen. Gewähren wir **für größere Abnahmen Mengenrabatt**?

J. Peter, I shall be **overjoyed** if we just get one system installed first of all. Concentrate on that initial order. Fothergill will just be **sounding you out** at first. If he likes the system the hard business negotiations will follow. **Stick now to** the quoted price.

J. Peter, ich werde **heilfroh** sein, wenn Sie es schaffen, zunächst einmal ein System installieren zu lassen. Konzentrieren Sie sich auf diese erste Bestellung. Fothergill will Sie zunächst **aushorchen**. Wenn ihm das System gefällt, werden noch harte Preisverhandlungen folgen. Halten **Sie zunächst mal** am alten Preis **fest**.

P. He asked me to call tonight to confirm the time of tomorrow's meeting. If he has any questions I can't answer may I call you back?

P. Er hat mich darum gebeten, heute Abend noch einmal durchzurufen, um den Termin des morgigen Meetings zu bestätigen. Kann ich Sie zurückrufen, falls er noch irgendwelche Fragen hat, die ich nicht beantworten kann?

J. I'm right by the phone – call at any time. But relax – and enjoy your evening.

J. Ich werde in der Nähe des Telefons bleiben – rufen Sie jederzeit an. Aber entspannen Sie sich – und genießen Sie Ihren Abend.

P. Thank you Mr Morgan. After supper, I'll be watching television there's a Mafia film on that I wanted to see.

P. Vielen Dank, Mr Morgan. Nach dem Abendessen werde ich noch etwas fernsehen – da läuft ein Mafia-Film, den ich gerne sehen würde.

J. Well, I hope that's the right choice under the circumstances!

J. Tja, ich hoffe, unter den gegebenen Umständen ist das eine gute Wahl!

Train Yourself

Füllen Sie die Lücken und setzen Sie die Verben ins Präsens:

I __________ yesterday and asked if the hotel had a double room free for the night of April 4. I __________ if the room had a telephone and a television set. I then said I would like to _____ the room. I said I would be _____ between 5 PM and 6 PM, and that if I were _____ I would _____ to advise the hotel of my late arrival. I asked if the room _____ included breakfast and whether full English breakfast or continental was _____. I told the reception clerk I liked to start the day on a full English breakfast because I often missed out on lunch.

rate, called, arriving, served, delayed, asked, reserve, call.

Background Information

If you like to start the day with a good breakfast make sure you ask your hotel choice at the time of your reservation what you can expect for your first meal of the day. London hotels, particularly, are switching more and more to so-called »continental breakfasts« – meaning French-style, not the extensive buffet travellers can expect in many other European countries, particularly Germany. Many hotels which serve »continental« breakfast offer additional dishes, but charge for them. The further you penetrate into the British countryside the greater your chance of finding the »great English breakfast«. Bed-and-breakfast establishments almost invariably serve what the English call »the works« – meaning a full breakfast, which often features local specialities such as »black pudding« (a form of »blood sausage«) or kippers (smoked haddock).

Talk Talk Talk

(Astoria Hotel. Peter's room)
P. Hello! Yes, Peter Brückner speaking. Mr Meadows has arrived? Good, would you please tell him I'll be right down. Ask him to wait for me in the bar.

(Astoria Hotel. Peters Zimmer)
P. Hallo! Ja, hier spricht Peter Brückner. Ist Mr Meadows schon angekommen? Gut, würden Sie ihm bitte ausrichten, dass ich sofort herunterkomme? Bitten Sie ihn, an der Bar auf mich zu warten.

(Astoria Hotel bar)
P. Hello, Mr Meadows? I'm Peter Brückner, of ERGO. I'm very pleased to meet you.

(Hotelbar des Astoria)
P. Mr Meadows? Ich bin Peter Brückner von ERGO. Ich freue mich, Sie kennen zu lernen.

M. How do you do, Mr Brückner?

M. Wie geht es Ihnen, Mr Brückner?

P. What are you drinking? Will you join me in a sherry before we go in to eat?

P. Was möchten Sie gerne trinken? Trinken Sie mit mir einen Sherry, bevor wir etwas essen?

M. Gladly.

M. Aber gern.

P. I hope you didn't mind my calling you **out of the blue**, like that. I had very little notice of my trip to Nottingham.

P. Ich hoffe, Sie hatten nichts dagegen, dass ich Sie einfach so **ohne Vorwarnung** angerufen habe. Ich bin sehr kurzfristig zu meiner Reise nach Nottingham aufgebrochen.

M. Not at all. I'm very glad to help where I can.

M. Ganz und gar nicht. Ich freue mich, helfen zu können, wo ich nur kann.

P. Before joining Metropolitan Newspapers you were at the Middlesex Echo, am I right?

P. Bevor Sie zu Metropolitan Newspapers gegangen sind, waren Sie beim Middlesex Echo, stimmt's?

M. Yes. I was Executive News Editor there. Now, as you know, I'm Group Editor at Metropolitan.

M. Ja, ich war dort Nachrichtenredakteur. Jetzt bin ich, wie Sie sicher wissen, Leitender Redakteur bei Metropolitan.

P. During your time at the Middlesex Echo you **became acquainted** with our Quick-Ed editing system.

P. Während Ihrer Zeit beim Middlesex Echo konnten Sie sich doch schon mit unserem Quick-Ed-Redaktionssystem **vertraut machen**.

M. Indeed. **I was very impressed by** it.

M. In der Tat. Und **ich war sehr beeindruckt** davon.

P. I shall be meeting Mr Fothergill tomorrow. Does he know about your enthusiasm for Quick-Ed?

P. Ich werde morgen Mr Fothergill treffen. Weiß er, wie begeistert Sie von Quick-Ed sind?

M. I haven't really had the chance to talk to him about it yet.

M. Ich hatte bis jetzt noch nicht die Möglichkeit, mit ihm darüber zu reden.

P. Will you be at tomorrow's meeting?

P. Werden Sie beim Meeting morgen dabei sein?

M. No, I have to visit one of our publications in Newcastle.

M. Nein, ich muss eine unserer Publikationen in Newcastle besuchen.

P. That's bad news. But you could really do me a big favour if you **get to** speak to Mr Fothergill on your return.

P. Das sind ja schlechte Neuigkeiten. Aber Sie könnten mir wirklich einen großen Gefallen tun, wenn sie **dazu kämen**, nach Ihrer Rückkehr mit Mr Fothergill zu reden.

M. And that is?

M. Und worüber?

P. Just tell him what you told me – that you are impressed by Quick-Ed.

P. Sagen Sie ihm einfach, was Sie mir gesagt haben – dass Sie von Quick-Ed sehr beeindruckt sind.

M. Certainly, there's no problem there.

M. Natürlich, da sehe ich kein Problem.

P. Then come, let's go and eat.

P. Dann kommen Sie, lassen Sie uns etwas essen.

Train Yourself

»Get« ist ein überbeanspruchtes Verb der englischen Sprache. **Finden Sie dafür elegantere Ersatzformen in den folgenden Sätzen!**

1. I think I can *get* him to sign. ....
2. I *got on* well in the examinations. ....
3. I *got* the flu while visiting London. ....
4. If you *get* more than sixty pounds for that antique I shall be surprised. ....
5. I don't think he'll ever *get over* her death. ....
6. He didn't *get* the joke. He has no sense of humour! ....
7. I don't know how he can *get by* in his work without the Internet. ....
8. I've got to *get* that train.
9. He doesn't *get* much in that new job. ....
10. I tried several times to *get* you on the phone. ....

performed, obtain, becomes, catch, earn, reach, persuade, understand, cope, recover from, caught.

False Friends

The handy but overworked little verb »to get« entices many Germans into an embarrassing misuse. »To get« is translated in German by »bekommen«. English has a very similiar verb: to become. Frequently, »become« is used instead of »get« to translate »bekommen«, although the common meaning of »to become« is to pass from one state or condition to another: »He became ill after eating that awful meal.« This misuse can lead to awkward or even embarrassing misconstructions. »I became a dog on my birthday« is not exactly what is meant when the speaker is relating what he or she received as a birthday present!

Talk Talk Talk

(Metropolitan Newspapers head office)
P. Good morning! **I have an appointment to see** Mr Fothergill.

(Hauptbüro von Metropolitan Newspapers)
P. Guten Morgen! **Ich habe einen Termin mit** Mr Fothergill.

Receptionist: **What name shall I give**?

Empfangsdame: **Wen darf ich melden?**

P. Brückner. Peter Brückner, of ERGO Limited.

P. Brückner. Peter Brückner von ERGO Limited.

R. Just one moment, please. I'll try to reach Mr Fothergill. Hello, Miss Sykes. I have a Mr Brückner here to see Mr Fothergill. You'll **be right down**. I'll tell him, then. Mr Fothergill's secretary is on her way down. She'll take you to Mr Fothergill's office.

R. Einen Moment, bitte. Ich versuche, Mr Fothergill zu erreichen. Hallo, Miss Sykes. Ich habe hier einen Mr Brückner für Mr Fothergill. Sie **kommen gleich herunter.** Ich werde es ihm sagen. Mr Fothergills Sekretärin ist auf dem Weg nach unten. Sie wird Sie in Mr Fothergills Büro bringen.

P. Thank you very much.

P. Haben Sie vielen Dank.

S. Good morning! I'm Mr Fothergill's secretary. If you come with me I'll take you now to his office.

S. Guten Morgen! Ich bin Mr Fothergills Sekretärin. Wenn Sie mich bitte begleiten würden, ich führe Sie in sein Büro.

P. Thank you very much. I'm sorry I'm slightly late. I had difficulty calling a taxi from my hotel.

P. Vielen Dank. Tut mir Leid, wenn ich ein wenig zu spät bin. Ich hatte Probleme, von meinem Hotel aus ein Taxi zu bekommen.

S. That's quite all right. Mr Fothergill was late, anyway, getting to the

S. Das ist schon in Ordnung. Mr Fothergill ist heute ohnehin etwas

office this morning. Apparently, he had a lot to do on the way.

später ins Büro gekommen. Offensichtlich hatte er auf dem Weg hierher sehr viel zu tun.

Train Yourself

Ein anderes überbeanspruchtes Verb des Englischen ist »to do«. **Finden Sie auch hierfür elegantere Ersatzformen in den folgenden Sätzen.**

1. *That will do*, Johnny! Now behave yourself! ....
2. I don't know if I can *do* it in the required time. ....
3. If you *do* the task correctly you'll get top marks! ....
4. That was quite a climb – I'm completely *done in*! ....
5. I think *I did* well in the exam. ....
6. The train *did* the distance in record time. ....
7. This is a very difficult puzzle. I just can't *do* it. ....
8. If you *undo* this catch, the door springs open. ....
9. *Do up* the buttons of your coat, it's very cold outside. ....
10. *Do it again*, please! ....

solve, covered, repeat, performed, release, that's enough, exhausted, fasten, complete (2x).

Talk Talk Talk

(Mr Fothergill's office)
F. Come in, come in! How do you do, Mr Brückner. I'm very pleased to meet you!

(Mr Fothergills Büro)
F. Hereinspaziert! Wie geht es Ihnen, Mr Brückner. Ich freue mich, Sie kennen zu lernen!

P. How do you do, Mr Fothergill? Thank you for this opportunity to meet you.

P. Wie geht es Ihnen, Mr Fothergill? Danke, dass Sie mir die Möglichkeit geben, mich mit Ihnen zu treffen.

F. A **face-to-face** meeting is much more satisfactory than a phone-call - that's my philosophy. Your people were always calling me up and trying to explain what you have to offer in a few minutes on the phone. You're the first to offer to travel up here to describe the system to me in person.

F. Ein **persönliches** Gespräch ist doch viel angenehmer als diese Telefoniererei – das ist meine Philosophie. Ihre Leute rufen mich andauernd an und versuchen, mir in ein paar Minuten am Telefon zu erklären, was sie mir anzubieten haben. Sie sind der Erste, der mir angeboten hat, hier hoch zu fahren und mir das System persönlich vorzustellen.

P. It's a pleasure, Mr Fothergill. We believe the system is so good that no effort can be spared in making its benefits known.

P. Ist mir ein Vergnügen, Mr Fothergill. Wir sind davon überzeugt, dass unser System so gut ist, dass keine Mühe ausgelassen werden sollte, um seine Vorzüge bekannt zu machen.

F. Well, young man, you've got two hours to do that. Miss Sykes! Can you bring in some coffee, please! And now **down to business** ...

F. Tja, junger Mann, dafür haben Sie jetzt zwei Stunden Zeit. Miss Sykes! Können Sie uns bitte einen Kaffee bringen! Und jetzt **kommen wir zur Sache** ...

Train Yourself

Peter beginnt mit seiner Präsentation. **Helfen Sie ihm bei der Wahl der richtigen Worte!**

Let me begin by ______ how the system ______. There are just six discs to ______.They ______ the entire software. You can ______ them in any drive. The discs ______ individual files, ranging from rules to styles.

Let's _____ with the first one. We'll _____ it and then _____ with it. You'll then _____ how _____ the system is.

explaining, understand, install, functions, start, contain, load, play, straightforward.

Talk Talk Talk

(Hotel Astoria. Peter's room)
P. Good morning! Peter Brückner.

(Hotel Astoria. Peters Zimmer)
P. Guten Morgen! Peter Brückner.

R. This is the reception. I have a call for you. **I'm putting the caller through now ...**

R. Hier ist die Rezeption. Wir haben ein Gespräch für Sie. **Ich stelle den Anrufer gleich durch ...**

P. Hello! Brückner here!

P. Hallo! Brückner!

J. Good morning, Peter. It's James Morgan here. I just called to find out how you got on yesterday.

J. Guten Morgen, Peter! Hier spricht James Morgan. Ich rufe nur an, um zu fragen, wie es gestern gelaufen ist.

P. Well, **the presentation went very well**, I think. In fact, Fothergill had allowed just two hours for the presentation and demonstration, but it actually went on all day and I had to extend my stay here by another night. I called Lucy and asked her to inform you. I hope she did.

P. Nun ja, **die Präsentation lief sehr gut**. Tatsache ist, Fothergill wollte mir zunächst nur zwei Stunden für die Präsentation und die Vorführung geben, aber dann dauerte es den ganzen Tag. Ich musste meinen Aufenthalt hier um eine weitere Nacht verlängern. Ich habe Lucy angerufen und sie gebeten, Sie zu informieren. Ich hoffe, das hat sie getan.

J. Yes, indeed. That's fine. So what's your **general impression**?

J. Ja, das hat sie. Sehr schön. Und, wie ist Ihr **Gesamteindruck**?

P. I think they're interested, but I feel Fothergill will need some time to think it over.

P. Ich glaube, sie sind interessiert, aber Fothergill wird vermutlich noch etwas Zeit brauchen, um darüber nachzudenken.

J. Yes, he gives me the impression of being a very careful type who doesn't like to give up too easily in a **business negotiation**. Now, you have had a very tiring time – stay over another night and have a look around Nottingham. It's an interesting city, and don't miss out on a trip to Sherwood Forest. I'll expect you in the office the day after tomorrow ...

J. Ja, er macht wirklich den Eindruck, als wäre er ein sehr vorsichtiger Mensch, der in einer **geschäftlichen Verhandlung** nur ungern zu früh nachgibt. Aber hören Sie – das war eine sehr anstrengende Zeit für Sie – bleiben Sie doch noch eine weitere Nacht und schauen Sie sich Nottingham an. Eine sehr interessante Stadt – und lassen Sie sich einen Ausflug in den Sherwood Forest nicht entgehen. Ich erwarte Sie dann übermorgen zurück im Büro ...

Train Yourself

Auch »to give« ist ein überbeanspruchtes Wort im Englischen. **Geben Sie in den folgenden Sätzen Alternativen an!**

1. I *gave* him a wide berth when I saw him in the street. I can't stand the man. ....
2. *Give me a call* when you get home. ....
3. I *gave up* all claim to the property. ....
4. You know you're beaten! *Give in!* ....
5. I *gave up* my job at the Exchange after Lewis and Company *gave me the hint* that I could expect to earn much more there. ....

6. Please don't *give away* what I've just told you! ....

7. Hello! ERGO? Could you *give* me Mr Brückner, please? ....

8. The company *gave* nearly a million pounds to charity last year. ....

9. I'd *give up* smoking, if I were you. ....

10. *Give me word* when you're ready. ....

quit, disclose, avoided, relinquished, put me through to, surrender, inform, hinted, donated, call, stop.

Talk Talk Talk

(The front office of ERGO Limited)
L. Oh, good morning, Peter! Did you have a good trip?

(Empfangsbüro von ERGO Limited)
L. Oh, guten Morgen, Peter! Hatten Sie eine angenehme Reise?

P. Well, I don't really know. I think it **went well** enough.

P. Na ja, ich weiß nicht genau. Ich glaube, es lief **gut genug**.

(James Morgan, Melissa and Steve Blackman all enter together)
J. Where's the champagne Lucy?

(James Morgan, Melissa und Steve Blackman treten gemeinsam ein)
J. Wo ist der Champagner, Lucy?

L. I'll get it right now, Mr Morgan. How many glasses?

L. Ich hole ihn sofort, Mr Morgan. Wie viele Gläser?

J. Five – no six, Chip deserves some bubbly, too. Chip!

J. Fünf – nein, sechs. Chip hat sich auch etwas Schampus verdient. Chip!

C. Yes, Mr Morgan, right here. Champagne? Whose birthday?

C. Ja, Mr Morgan, bin schon da. Champagner? Wer hat denn Geburtstag?

J. No birthday, Chip, but still a very **good reason to celebrate**.

J. Kein Geburtstag, Chip, aber wir haben trotzdem einen sehr **guten Grund zum Feiern.**

P. Celebrate?

P. Feiern?

J. We've just **landed** the most promising order of the year.

J. Wir haben gerade die vielversprechenste Order des Jahres **unter Dach und Fach gebracht**.

M. Oh, come on, Mr Morgan. **Put him out of his misery!**

M. Oh, nun kommen Sie schon, Mr Morgan. **Lassen Sie ihn doch nicht länger zappeln!**

J. Fothergill called me last night and said he'd decided to install Quick-ed in two of his newspapers, with an option to buy, at a small discount, for the rest of his group.

J. Fothergill hat mich gestern Abend angerufen und mir gesagt, dass er sich dazu entschlossen hat, Quick-Ed bei zwei seiner Zeitungen zu installieren – mit der Option, sie für einen kleinen Rabatt auch für den Rest seiner Verlagsgruppe zu kaufen.

P. Good heavens! He didn't seem that convinced when I left him.

P. Meine Güte! Er schien nicht so überzeugt zu sein, als ich ihn verlassen habe.

J. Fothergill is a cautious man, as I told you on the phone, Peter. But he liked your style. And he liked the product you demonstrated so ably. Well done.

J. Fothergill ist ein vorsichtiger Mann, wie ich Ihnen schon am Telefon sagte, Peter. Aber er mochte Ihren Stil. Und er mochte das Produkt, das Sie ihm so gekonnt vorgeführt haben. Gut gemacht.

S. You've become our star salesman, Peter. Must have been my training!

S. Sie sind jetzt unser Star-Verkäufer, Peter. Das muss an meinem Training liegen!

J. Well, we'll drink to that, Steve.	J. Schön, darauf sollten wir trinken, Steve.
M. *Ja, lasst uns anstoßen. Ein toller Erfolg, lieber Peter!*	M. *Ja, lasst uns anstoßen! Ein toller Erfolg, lieber Peter!*
P. *Bitte?* You speak German?	P. *Bitte?* Sie sprechen Deutsch?
S. Melissa is as secretive as old Fothergill. I've just discovered why she could never join us in an after-work drink. She was studying German at night-school – every night!	S. Melissa ist genau so geheimnistuerisch wie der alte Fothergill. Ich habe gerade herausgefunden, warum Sie nie mitgekommen ist, wenn wir einen Feierabend-Drink zu uns genommen haben. Sie hat an einer Abendschule Deutsch gelernt – jeden Abend!
M. And last night was the end of the course. So tonight I'm inviting you two to dinner.	M. Und letzten Abend war die letzte Unterrichtsstunde. Also lade ich Sie beide heute Abend zum Essen ein.
S. But no German please, Melissa!	S. Aber bitte kein Deutsch, Melissa!

Vocabulary

to acquaint oneself with	sich vertraut machen mit
adequately briefed	angemessen vorbereitet/ eingewiesen
to be right down	gleich herunterkommen
to become acquainted with sth.	vertraut werden mit
to book	buchen
to boost sb.s confidence	Selbstvertrauen aufbauen (umgangssprachlich)
business negotiation	geschäftliche Verhandlung
can't help	nicht umhin kommen
to cross fingers	Daumen drücken

discounted prices for larger orders	Mengenrabatt
down to business	zur Sache/zum Geschäftlichen kommen
driving license	Führerschein
face to face	persönlich/ »von Angesicht zu Angesicht«
general impression	Gesamteindruck
to get hold of	erreichen
to get to	dazu kommen
to go well	gut laufen
to have an appointment to see sb.	einen Termin mit jdm. haben
head office	Hauptbüro
to have sb. on the line	jdn. in der Leitung haben
to land (an order)	»unter Dach und Fach bringen«/ »an Land ziehen«
to manage	schaffen/ in der Lage sein/ etw. in den Griff bekommen
out of the blue	ohne Vorwarnung/ »aus heiterem Himmel«
overjoyed	überglücklich
to put a caller through	einen Anrufer durchstellen
to put out of one's misery	jdn. nicht mehr länger zappeln lassen
saved by the bell	Rettung in letzter Sekunde
to sound out	aushorchen, ausfragen
to stick to	bei etwas bleiben
to swat up	büffeln, sich intensiv mit etwas beschäftigen
to take a shine to	einen Narren gefressen haben an etw./jdm.
What name shall I give?	Wen darf ich melden?

The Test - how good are you now on the telephone?

Finden Sie in den folgenden Übungen das richtige Wort oder die richtigen Wörter für die Leerstellen:

1. Could you please ________ on this number.
a. reach me b. speak to me c. call me d. contact me

2. I tried all day to ________ you, but I didn't ________.
a. find ... succeed b. speak to ... connect
c. reach ... get through d. dial ... find you

3. The line was always ________.
a. out of order b. engaged c. not connected d. unavailable

4. Hello, this is ATP Limited, ________.
a. can I be of assistance b. what can I do?
c. what do you want d. who do you want?

5. I called previously, but I was ________.
a. disconnected b. cut off c. thrown out d. cut short

6. After completing the call I ________.
a. cut off b. cut short c. hung up d. left the line

7. She has been ________ the phone for hours.
a. at b. with c. over d. on

8. This is the number. Could you please ________ it for me.
a. ring b. dial c. find d. reach

9. Could you please ________ Mr Jobson.
a. pass me to b. find me c. dial me d. put me through to

10. The line is ________. Would you like to ________?
a. out of order ... stand by b. busy ... hold
c. not working ... hang on d. unavailable ... wait

11. The line is ________. The Post Office is working on the problem.
a. not open b. not working c. out d. out of order

12. Does his office have ________?
a. an extension b. another number
c. a switch-board connection d. a secondary phone

13. Could I please ________ a message?
a. give b. leave c. hand on d. say

14. Could you please ________ this message to Mrs Smith?
a. say b. transfer c. hand over d. give

Ready to talk

1. Anrufen

Good morning, can I speak to Mr Brückner, please?	Guten Morgen, kann ich bitte mit Herrn Brückner sprechen?
Hello! Am I speaking to Arco/Is this Arco?	Hallo spreche ich mit der Firma Arco?
Peter Brückner here. Brückner of Ergo, may I speak to Mr Tomkins, please?	Hier Peter Brückner. Brückner von Ergo, kann ich bitte mit Mr Tomkins sprechen?
Is Ms Walker available?	Ist Frau Walker zu sprechen?
I'm calling on behalf of Mr Blackman.	Ich rufe im Auftrag von Herrn Blackman an.

2. Anrufe entgegennehmen

Good morning, Ergo Limited.	Guten Morgen, Ergo Limited.
May I help you?	Kann ich Ihnen helfen?
How can I be of assistance?	Wie kann ich Ihnen helfen?
Who would you like to speak to?	Mit wem möchten Sie bitte sprechen?
May I ask who is calling?/Who is on the line? (US)	Mit wem spreche ich bitte?
Speaking.	Am Apparat.
I'm afraid Ms Walker is not in right now/in a meeting/on holiday/at lunch/on business all week.	Es tut mir Leid, Ms Walker ist im Augenblick nicht im Büro/in einer Besprechung/im Urlaub/zu Tisch/die ganze Woche geschäftlich unterwegs.
I'll just find out if she is available/back yet.	Ich werde gleich mal nachschauen, ob sie erreichbar ist/schon zurück ist.

3. Verbinden

Could you put me through to Mr Tomkins, please?	Können Sie mich bitte zu Mr Tomkins durchstellen?

Can you connect me with the personnel department, please?	Können Sie mich bitte mit der Personalabteilung verbinden?
Please hold the line for a moment, I'll just put you through.	Einen Moment bitte, ich verbinde.
Who can I say is calling?	Wen darf ich melden?
May I put you through to her assistant/secretary?	Kann ich Sie mit ihrer Assistentin/Sekretärin verbinden?
She has asked for no calls to be put through.	Sie hat mich gebeten, keine Anrufe durchzustellen.
One moment, please, I'll try her desk.	Einen Augenblick bitte, ich versuche, das Gespräch auf ihren Apparat zu legen.
I'm afraid the line is engaged.	Die Leitung ist leider belegt.

4. Rückrufe vereinbaren und Nachrichten hinterlassen

Could you please tell him to call me back this afternoon.	Könnten Sie ihm bitte sagen, dass er mich heute Nachmittag zurückrufen soll?
Ms Walker ist presently unavailable. Could you call back again this afternoon?	Frau Walker ist gerade nicht zu erreichen. Können Sie heute Nachmittag noch einmal anrufen?
Would you like to hold or should he call you back?	Möchten Sie warten, oder soll er Sie zurückrufen?
Can she call you back?	Kann sie Sie zurückrufen?
May I take your name and number and get someone to call you back?	Kann ich Ihren Namen und Ihre Telefonnummer notieren? Es wird Sie dann jemand zurückrufen.
In the office you can reach me on ..../My number at work is ...	Im Büro erreichen Sie mich unter ...
My home/private number is ...	Meine Privatnummer ist ...
My extension is ...	Meine Durchwahl ist ...
The area code is ...	Die Vorwahl ist ...

Could you give Mr Brückner a message, please?	Könnten Sie Herrn Brückner bitte etwas ausrichten?
She's on the other line at the moment. May I take a message?	Sie spricht gerade auf der anderen Leitung. Kann ich ihr etwas ausrichten?

5. Termine vereinbaren

Can we arrange a meeting?	Können wir ein Treffen vereinbaren?
When would it suit you?	Wann würde es Ihnen passen?
Is next Tuesday OK with you?	Passt Ihnen nächsten Dienstag?
Let me check my appointment book.	Lassen Sie mich in meinem Terminkalender nachsehen.
I'll check with my secretary.	Ich frage bei meiner Sekretärin nach.
Could we make it a bit earlier/later?	Ginge es ein bisschen früher/später?

6. Anfragen und Reklamationen

I'm ringing to enquire about .../ I'm calling regarding ...	Ich rufe an wegen ...
Can you tell me/give me any idea when ...?	Können Sie mir sagen, wann ...?
Is there any chance of ...?	Gibt es irgendeine Möglichkeit ...?
We are still waiting for .../We have not yet received ...	Wir warten immer noch auf .../ Wir haben ... immer noch nicht erhalten.
We were assured that it would be ready on time.	Man hat uns versichert, dass es rechtzeitig fertig werden würde.
I'm really sorry about that, but ...	Es tut mir wirklich Leid, aber ...
The quality of this material is not up to your usual standard.	Die Qualität dieses Materials entspricht nicht Ihrem üblichen Standard.
I cannot accept your claim.	Ich kann Ihre Reklamation nicht annehmen.

Glossary

accounting	Buchhaltung
accounts	Rechnungsstelle
to acquaint oneself with	sich vertraut machen mit
to access	zugreifen auf
adequately briefed	angemessen vorbereitet/ eingewiesen
advertising department	Anzeigenabteilung; Werbeabteilung
advertorial	Mischung aus Anzeige und redaktionellem Beitrag
all ears	ganz Ohr
answering machine/answerphone	Anrufbeantworter
to assign sb.	jdn. zu etw. abstellen
appearance	Aussehen; Erscheinung (zeitl.)
assessment	Leistungsbericht
to be off the phone	aufgelegt haben, nicht sprechen
to be on the phone	gerade telefonieren
to bother	stören
to break into	in den Markt vordringen
to be at home with sth.	mit einer Sache vertraut sein
at your peril	auf eigene Gefahr
au fait	vertraut
to back off	zurückstellen
(my, your, his, her) cup of tea	auf einer Wellenlänge
to be represented all over a city	in der ganzen Stadt Filialen haben
to be right down	gleich herunterkommen
to be speaking/calling/on the line	am Apparat sein
bean-counters	Erbsenzähler (abfällig)
to become acquainted with sth.	vertraut werden mit
to book	buchen
to boost sb.s confidence	Selbstvertrauen aufbauen (umgangssprachlich)
to break a system in	ein System in Betrieb nehmen
to break down	hier: zerstreuen, aus der Welt schaffen
to break in	einarbeiten

bright and breezy	frisch wie der junge Morgen
briefcase	Aktentasche
business negotiation	geschäftliche Verhandlung
to call by	vorbeikommen
to call up sth.	etw. abrufen
businessperson	Geschäftsmann, -frau
to buy a round (of drinks)	eine Runde bezahlen
to call out for	bringen lassen
can't help	nicht umhin kommen
cell(ular) phone	Mobiltelefon, Handy
to clear sth.	etw. abklären
cold-calling	Blindakquisition
to come along	sich entwickeln; Fortschritte machen
company profile	Firmenprofil
to conduct a press conference	eine Pressekonferenz leiten
competitive	wettbewerbsorientiert, konkurrenzfähig
to complain	sich beschweren
to confirm price and conditions	Preis und Lieferbedingungen bestätigen
to connect sb.	jdn. durchstellen
to courier sth.	etw. per Kurier schicken
to cover (a territory)	für (ein Gebiet) zuständig sein
to cross fingers	Daumen drücken
contact (name)	(Name eines) Ansprechpartners
to deal with sb. over the phone	am Telefon mit jdm. verhandeln
customer-relations	Kundenbeziehungen
to cut sb. off	jdn. aus der Leitung werfen
CV (curriculum vitae)	Lebenslauf
deal	Geschäftsabschluss
Department of Social Security	Sozialversicherungsamt
to dial	wählen
discount prices for larger orders	Mengenrabatt
Do your stuff!	hier: Tun Sie, was Sie tun müssen/für was Sie bezahlt werden.
down to business	zur Sache/ zum Geschäftlichen

down to orders	zum Geschäftlichen
to draw up	(einen Text) entwerfen
driving license	Führerschein
to drop on	(Arbeit) abwälzen
to elaborate points	Punkte ausarbeiten
to email sth.	etw. per E-Mail schicken
editor	Redakteur
errand	Botengang
estate agent	Wohnungsmakler
expense sheet/expenses return	Spesenabrechnung
expense	Kosten
extension	Durchwahl
face to face	persönlich / »von Angesicht zu Angesicht«
fair	Messe
to follow up a lead	an einer Sache dranbleiben; eine Möglichkeit verfolgen
file	Akte
to gather the papers	die Unterlagen zusammensuchen
form	Formular
franchise	Franchise (Übertragung einer Lizenz)
franchise contract	Lizenzvertrag
franchise holder	Lizenznehmer
to franchise	Lizenzen vergeben
general impression	Gesamteindruck
to get around to	dazu kommen
to get down to business	zum Geschäft kommen
to get down to sth. right away	sich sofort um etw. kümmern
to get hold of	erreichen
to get on to	sich daran machen
to get through	durchkommen
to get to	dazu kommen
to get used to	sich daran gewöhnen
to give sb. a buzz	(ugs.) jdn. anrufen
to give sb. a call	jdn. anrufen
to go alone	als Einziger vertreten sein
to go well	gut laufen
groundwork	grundlegende Arbeit

to have sb. on the line	jdn. in der Leitung haben
hand-out	Handzettel; Informationsblatt
to hang up and try again	auflegen und es noch einmal versuchen
hold; hold the line	in der Leitung bleiben, warten
hard cookie	harter Brocken (anerkennend)
to have a head-start	einen Vorsprung haben
to have aboard	jmd. an Bord haben
to have an appointment to see sb.	einen Termin mit jdm. haben
to have difficulty in reaching sb.	Probleme haben, jdn. zu erreichen.
to have sth. pressing to do	etwas Eiliges/Wichtiges zu tun haben
he/she is tops	jmd. ist ungeschlagen/der, die Beste
head office	Hauptbüro
(the) hot seat	brenzlige Position (im Geschäftsbereich)
Hello, is that ...	Hallo, spreche ich mit ...
How can I get reconnected?	Wie bekomme ich wieder Verbindung?
to leave a message	eine Nachricht hinterlassen
to lift	abnehmen (Hörer)
to make it snappy	sich beeilen
to mend the lines	Leitungen reparieren
in a jiffy	im Handumdrehen
in good hands	in guten Händen
to induct into sth.	einführen in etw.
innovative	innovativ
inquiry	Anfrage
insertion	Inserat
instant access	direkter Zugriff
into the field	in der Praxis
to keep sb. posted	jdn. auf dem Laufenden halten
to keep track of sth.	den Überblick behalten
to keep your head down	sich zurückhalten
to land (an order)	»unter Dach und Fach bringen«/ »an Land ziehen«
leading	führend
log	Ablaufplan
loudspeaker	Lautsprecher/Mithörtaste
to make a practice of	es sich zur Regel gemacht haben

to make arrangements	Vorbereitungen treffen
to make doubly certain	auf Nummer sicher gehen
to make contact	Kontakt aufnehmen
to man sb.'s phone	jds. Telefon übernehmen
to manage	schaffen/in der Lage sein
Managing Editor	Herausgeber
manpower	Arbeitskraft/-kräfte; Mitarbeiter
manufacturers	Hersteller
May I help you?	Kann ich Ihnen behilflich sein?
meeting	Besprechung
memo	Memo
mobile (phone)	Mobiltelefon, Handy
news department	Nachrichtenredaktion
no reflection on	nichts zu tun haben mit
no way	unter keinen Umständen
not so hot	nicht so toll (umgangssprachlich)
not to get through	nicht durchkommen
off the hook	vom Haken sein/noch mal davon gekommen sein
on his plate	auf sein Konto (gehen)
on the hop	in Nullkommanichts
operations	Geschäftsaktivitäten
operator	Vermittlung
out of the blue	ohne Vorwarnung/ »aus heiterem Himmel«
overjoyed	überglücklich
pager/beeper	Piepser
panic stations	Krise
paperwork	Papierkram
payment agreement	Zahlungsbedingungen
pecking order	Rangordnung
personal call	Stippvisite
personnel department	Personalabteilung
to phone around	herumtelefonieren
to phone to find out	anrufen, um nachzufragen
press conference	Pressekonferenz
press release	Pressemitteilung
print-shop	Druckerei

product line	Produktreihe
progress report	Erfolgsbericht
projection	Prognose
proof (in publishing)	Korrekturabzug
to punch sth. into	etw. einhacken
to push	hier: verschieben/aufschieben bis zum besten Zeitpunkt
to reach on the phone	telefonisch erreichen
to put a caller through	einen Anrufer durchstellen
to put in the picture	ins Bild setzen, auf den neuesten Stand bringen
to put out of one's misery	jdn. nicht mehr länger zappeln lassen
to put sb. through	jdn. durchstellen
to put sth. on file	etw. in die Akten eintragen
to put the phone down	auflegen
quite a hand at	erfahren/geübt mit etwas
quote/quotation	hier: Aussage (sonst: Angebot)
to reboot	neu starten (PC)
regional operation	Außenstelle
release	Publikation
round-up	Zusammenstellung (eigentlich: Zusammentreiben von Vieh)
run-up	hier: für den Beginn/Anfang
sales manager	Verkaufsleiter
sales representative	Außendienstmitarbeiter
to seal a contract	einen Vertrag abschließen
saved by the bell	Rettung in letzter Sekunde
to score a hit	einen Erfolg verbuchen
to settle for	sich zufrieden geben mit
to settle in	sich eingewöhnen
to shut down	herunterfahren (PC)
shortly	in Kürze, gleich
slog	harte Arbeit/Schufterei
small change	Kleingeld
social security number	Sozialversicherungsnummer
to sound out	aushorchen, ausfragen
... speaking	... am Apparat
special supplement	Sonderbeilage

to step into	hereinkommen
to stick to	bei etwas bleiben
supplement	Zeitungsbeilage
to swat up	büffeln, sich intensiv mit etwas beschäftigen
switchboard	Vermittlungszentrale
to tackle formalities	Formalitäten in Angriff nehmen
to take a message	eine Nachricht entgegennehmen
to take a shine to	einen Narren gefressen haben an etw./jdm.
to take it from there	sich von da ab um etwas kümmern
to take sb. off a job	jdn. von etw. abziehen
to talk through	einweisen; erklären
to tally	abrechnen; übereinstimmen
technical department	Technische Abteilung
telephone company/people	Telephongesellschaft
telephone number	Telefonnummer
telephone receiver	Telefonhörer
test run	Testlauf
the line is still open	die Verbindung steht noch
the line went dead	die Verbindung wurde unterbrochen
the number is ringing	es wird gerade durchgeläutet
the number/line is engaged	es ist belegt
the pleasure is all mine	das Vergnügen ist ganz auf meiner Seite
top salesman	Spitzenverkäufer
to track sb. down	jdn. aufspüren
to trouble s.o.	jdn. belästigen
to try to get hold of sb.	versuchen, jdn. zu erreichen
tube (colloq.)	U-Bahn
umpteen	zig
unlimited usage	unbeschränkte Nutzung
user-friendly	benutzerfreundlich
voice mail	Anrufbeantworter
What name shall I give?	Wen darf ich melden?
work-load	Arbeitspensum
wrongly connected	falsch verbunden
You bet!	Darauf können Sie/kannst du wetten!

Solutions

Seite

6. 1. Good morning! May I help you? This is Peter Brückner speaking. I'm calling to find out when I should start. I tried to call Mr Morgar yesterday. I couldn't get through. The phone seemed to be out of order. Mr Morgan will be calling in shortly.
2. It's Peter Brückner speaking. I tried to call yesterday but I couldn't get through. Should I try to call Mr Morgan at home? Has the office tried to contact me?

10. Good morning. How do you do. Good morning. Hi. Hello.

14. Well equipped. Access. Installed.

16. 1. I'd like a beer, please.
2. Now, what would you like to drink?

20. 1. Cut. Called. Hold. Went. Hang. Reconnected.
2. Connected. Hang on/hold. Put. Through. Get. Try.

22. 1. Very much. Kind. Love. Call you.
2. I'd love to come, but I'm afraid I shall be working late.

24. Hello! Is that Lost Property? No? What number is that? Could you please speak more slowly? I have to report to Lost Property that I have lost my umbrella. Could you please connect me to/with the correct/right number. What do you mean by dial? And what is an extension? Could you please speak more clearly. I obtained the number from the telephone directory, and now you are telling me I have the wrong number!

31. Of assistance. Contact. Connected. Getting. Want/require. Call. Call. Call. On. Call. Call. Put ... through. Speaking.

34. It's. Reach. Left. Voice-mail/answerphone. Mobile. Call. Call. Get. Calling.

36. 1. Called. Calls. Call. Tell. Contact. Mobile. Reach.
2. I just called to say that I shan't be at the office until later because I have a doctor's appointment and if there are any calls for me please take messages.

39. 1. Totally happy. Please. Elaborate on some of the points. Is not complete. When you get the chance.
2. Happy. Care. Writing. Asked.

41. d, a, b, e, c.

43. On Monday I was in Birmingham and called Texo, but there was no reply. I decided to call again on Tuesday afternoon. On Monday afternoon I was at Cranford Foods, where changes were made satisfactorily to the contract. I agreed to call again on Friday. On Tuesday morning I called in at Taylor Electronics in Stratford and we set a meeting for Friday. I had lunch with the Stratford News Editor and described to him the new copy-editing software. He expressed interest. In the afternoon I returned to Birmingham, calling in at the telephone company en route. On Wednesday morning I had a dental appointment. In the afternoon I described the company objectives to the Birmingham Chamber of Commerce and Trade. On Thursday I drove to Stratford in order to make an early start on Friday. Early on Friday morning I called Cranford Foods and agreed to call again on Monday. The full board of Taylor Electronics turned up for the 10 AM meeting, indicating that prospects are good.

45. Calling. Called. Contacted. Spoke. Had ... spoken. Call. Called. Call.

46. Hello. It's. Am calling. Call. On. Would. Which. Call. Call. By. Call.

49. 1. Is that. Who am I speaking. Speaking. Called. Number. Dialled. Number. Get. Hang. Try. Get through. Line/number. Busy/engaged. On.
2. a: Over; b: Off; c: By; d: On, talking.

52. Speak. Here. Wonder. Could. Called. Say. Called. Engaged. Asked/told. Leave. Get/receive. Call. Hang. Line. Contact.

54. Would like. Would you. Would be. Could. Phone. Should. Would ... be. Call.

60. 1. Mr Blackman, I want to discuss this contract. It's not satisfactory, and I'm not happy with it. I don't really understand what clauses one, three and six mean. When I rang you yesterday you assured me there was no problem. but when I called today you didn't sound so confident. You told me the commission on the whole order is 15 per cent, but the contract speaks of 10 per cent. Why this discrepancy? I'd like to give an explanation to my office, which is waiting for my call this afternoon. Could you give me an explanation before then?

2. Easier. Dial/call. More complicated. Get. Louder. Line. Hold. Longer. Cut. More difficult. Dial/call. Call. Shorter. More expensive. Call.

63. Put ... through. Engaged/busy. Hold. Connect. Speak. Busy/engaged. Hold. Invite. Put ... through. Is that. Invite. Off the. Hand-out. Release. Give. Number. Hearing.

66. Would be grateful. Did. Call. Postpone. Mobile. Call. Call. Reach. Call. Answerphone.

68. That. Talking. Number. Dialled. Call. Number. Give. Number. Repeat. Put ... through. Speaking. Connected. Connect. Hold. Put through to. Ring. Speak.

71. 1. d 2. c.

73. Speak to. Call. Inquire. Very. Submit. Promptly.
Arrived. Grateful. Sent. Appreciates. Require.

75. Invited. Attend. Introducing. Interest. Happy. Provide. Require. Followed. Which you are. Appreciate.

76. 1. Put me through. Engaged/busy. Hold. Cut off. Dial. Engaged. Cut ... off. Called. Contact. Busy. Interrupt. On. Hold. Through. Speak. Hold. Cut. Hanging.
2. Hello, Miss Barker. It's Peter Brückner, of ERGO Limited, here. ERGO is exhibiting at the electronics trade fair. My Marketing Director, Miss Melissa Walker, has an important question concerning the catalogue. She would like to know when the catalogue will be printed. She says she would like to see first of all the layout of the page on which ERGO is advertising. She found no mistakes in the proof you sent her last week, but she would like to be doubly certain.

79. 1. Quick-Ed: The software system for easy editing and page makeup, for newspapers and magazines. The Quick-Ed system saves many man-hours in sub-editing. Quick-Ed was developed by the company that marketed the accountancy program Accounting 2000 - ERGO International, San Diego, USA. The Quick-Ed system can be viewed in use at the Middlesex Echo. Sole U.K. suppliers of Quick-Ed: ERGO Ltd., Carter's Lane, London N1. Tel. 171/385964, fax 171/385965. Website: http://www.ergo.com. Email: Ergo@telkom.com.

2. Put ... through. Speak to. Hold. Name. Opportunity. Phoning. Could. Call. Call. Date. Call. Appointment. Call. Extension/number. Dial. Calling. Phone. Call.

82. Call. Call. Getting. Engaged/busy. Reached. Connected. Phoned. Talk. Call. By. Hear. Reach. Try. Switch ... on. Hold. Ring. Use. Hear. Call. Try. Number.

88. 1. Call. Mobile. Busy/engaged. Could I. Could you. Call. Get. Could you. Call. Would ... be 2. b; c; a; c; a; b: c.

91. Is that. Calling. Ask. Contact. Speak to. Spoke. Calling. Asking. Call. Report. Connected. Ring. Number.

92. Is that. Plan. Put. Hold/hang on. Extension. Put. Hold/hang on. Cut off. Dead. By.

95. 1. b; g; d; h; c; e; f; i; a.
2. Secretary; Assistant Managing Director; Managing Director; Accountant; Salesman; Marketing Department Director; Courier; Accountant; Sales Department Director; Salesman.

97. Understand. Assure. Can ... find. Afraid. Assure. Give up. Satisfied.

100. Answerphone. Telephone. Pager. Switchboard. Mobile or cell phone.

103. Called. Had called. Would call. Have called. Will call. Calls. Call. Calls. Will call. Has ... called. Call. Calling. Had called. Call.

106. 1. Hello, is that Geoff Burnes? Mr Morgan asked me to call you. He has decided on a new sales practice. Mr Morgan wants you to contact Metropolitan Newspapers and tell them that they can expect a complete service package. That means a computer specialist will spend just as long with them as they need. Until now, we offered only to install the system. Mr Morgan is worried about increasing complaints concerning the difficulty of operating the system. He has already contacted Metropolitan Newspapers to tell them that you will be calling. Can you call me back to tell me how you get on?
2. Hi. How do you do? Found. Talked about. Dreamt up.
Of considerable use. Wish for. Buzzing. In words. Put it in the fax machine, use the fax. Standing by, sitting, holding, impatient, contact, telephone.

109. 1. Speak to. In. Reply. Out. Line. Hold. Message. Like. Call back. Number.
2. Call, phone. Get through. Hold. Hang up. Answer. Dial.

110. 1. Leave a message and say you'll call later.
2. Peter has failed to identify himself!

111. The meeting discussed the Quick-Ed program, its advantages and drawbacks and reviewed complaints. Possible purchasers were listed. It was decided to assign Ken Allington, Chief Computer Analyst, to supervise the installation of a system at Metropolitan Newspapers and to familiarize staff with the system. The duration of his assignment will depend on the difficulty he has in acquainting the staff with the system. Costs and pricing will be the subject of negotiations with Metropolitan Newspapers. It was decided to meet again on Tuesday, August 24.

112. 1. Would like. Doubles. Occupancy. Arrive. Rate. Reserve. Have. Facilities.
2. Hire. Rate. Include. Inclusive. Rate. Go ahead. Reserve. Collect. Fax. Confirmation. Call. Promptly.

119. Connect. Calling. Leave. Getting through. Out of. Reach. Engaged/busy. Line. Extension. Phone. Line. Call/phone. Through/via. Put me through. Speaking. Connected. Connect. Engaged/busy. Hold. Put me through.

121. 3; 2; 3; 2; 3.

123. 1. Reach you. Out of order. Say. Reach. Tell. Postpone. Getting through. On. Talks. Engaged. Got through to. Chat. On. Spend. Connection.
2. She said she was calling to confirm that they would be coming the next day. She had to find out the most convenient rail connection. She thought it would be easier and quicker to come by train than try the bus service. She had called the bus station the day before and had discovered that they would have to change twice to get to you. She had always thought the bus service was much more efficient than that, but she had obviously been wrong. She asked what time we expected them and should they bring anything. Her aunt had given them some really good home-made wine and she said they could bring a bottle or two. She told me to ask Tom and then give her a call back. She said she was really looking forward to the evening and asked who else would be there. She

hoped we had not invited the Smiths. She said she couldn't stand Nancy Smith. If they were coming she asked to be put at the other end of the table and also to be seated away from her husband. She said all he could talk about these days was the Stock Exchange.

126. On. Off. Through. On. Up. On. On. Off. On. On. Up. On. At. Down. In. At

127. Book. Vacancy. Available. Reserve. Reserve/book. Arrive. Arrive. Sure. Delayed. Call. Reserve/book. Reserved. Arrive. Give. Tell. Reserved.

129. Called. Asked. Reserve. Arriving. Delayed. Call. Rate. Served. I am calling to ask if you have a double room free for the night of April 4. Has the room a telephone and a television set? I would like to reserve the room. I shall be arriving between 5 PM and 6 PM. If I am delayed I shall call to advise you of my late arrival. Does the room rate include breakfast and do you serve full English breakfast or continental? I like to start the day on a full English breakfast because I often miss out on lunch.

133. 1. Persuade. 2. Performed. 3. Caught. 4. Obtain. 5. Recover from. 6. Understand. 7. Cope. 8. Catch. 9. Earn. 10. Reach.

135. 1. That's enough. 2. Complete. 3. Complete. 4. Exhausted. 5. Performed. 6. Covered. 7. Solve. 8. Release. 9. Fasten. 10. Repeat.

136. Explaining. Functions. Load. Start. Install. Contain. Start. Install. Play. Understand. Straightforward.

138. 1. Avoided. 2. Call. 3. Relinquished. 4. Surrender. 5a. Quit. 5b. Hinted. 6. Disclose. 7. Put me through to. 8. Donated. 9. Stop. 10. Inform.

Die Lösungen zum Abschlusstest

1. c. 2. c. 3. b. 4. a. 5. b. 6. c. 7. d. 8. b. 9. d. 10. b. 11. d. 12. a. 13. b. 14. c.